名师名校名校长

凝聚名师共识
回应名师关怀
打造名师品牌
培育名师群体

　　　　张志勇题

实践·反思

幼儿园乐趣教研

徐艳 主编

中国出版集团　现代出版社

图书在版编目（CIP）数据

实践·反思：幼儿园乐趣教研 / 徐艳主编. — 北京：现代出版社，2023.3

ISBN 978-7-5231-0243-5

Ⅰ.①实… Ⅱ.①徐… Ⅲ.①幼儿园—教学活动—教学设计 Ⅳ.①G612

中国国家版本馆CIP数据核字（2023）第045338号

实践·反思：幼儿园乐趣教研

作　　者	徐　艳	
责任编辑	窦艳秋	
出版发行	现代出版社	
地　　址	北京市安定门外安华里504号	
邮政编码	100011	
电　　话	010-64267325　64245264	
网　　址	www.1980xd.com	
印　　制	北京政采印刷服务有限公司	
开　　本	710mm×1000mm　1/16	
印　　张	10.25	
字　　数	164千字	
版　　次	2023年3月第1版　　2023年3月第1次印刷	
书　　号	ISBN 978-7-5231-0243-5	
定　　价	58.00元	

目 录
CONTENTS

第三篇

生活化课程实践

第一篇

他山之石引领

"关于新时代我国幼儿教育发展方向"
主题教研

徐艳：老师们，前些天参加"中国县域学前教育高质量发展峰会"，专家的讲座特别棒，把视频发给大家学习。

林露瑜："当中国人不再听老祖宗的话，不再重视传统文化，我们美国人将不战而胜"（请原谅我没有及时记录下原话），听到这里十分庆幸，我们并未放弃。"跟着节日节气过生活"不仅是我们要给孩子一种生活的烟火气，更是对孩子传统文化的熏陶。我突然感觉自己在做一件很伟大的事，这关乎国之大计，关乎民族之生死存亡。

张英杰：育人先育魂。

王婧："立德树人，培根铸魂"。边听课边回忆园长妈妈下午和我们的畅谈，感觉被自己感动了，在园长妈妈这位优秀的掌舵人的带领下我们稳扎稳打，为孩子的一生奠基，我们正在做一件伟大的事情。

林露瑜：视频音质不太好，这部分教授讲的时候没听清楚，有没有听懂的姐妹？

徐艳：大家听不清楚的这段说的是中国现在的教材更趋向于美国的自由自主，而日本和韩国更强调听从奉公。朱教授认为，中国学前教育现在有点过于西化。如何平衡自由和规矩？确实值得我们深思，我下午的总结里也说到过这个问题。

王志敏：十分认同园长妈妈说"人心就是最好的风水"。我们聚在这个风水宝地，以爱心润育本就是一种积德行善。也像张桂梅校长那样，影响好几代人。虽不如楷模做得好，却也出了自己一分力，尽了自己一分心。跟着有爱的园长妈妈，做有温度的教育，办充满大爱的幼儿园。

王晶：各美其美，美美与共！功成不必在我，功成必定有我！新的学期，新的开始，新的起点，撸起袖子加油干！

孙鹏玉：本来音质就不好，孩子一闹，听得就更艰难，但还是能捕捉到一点："只有民族的，才是世界的"。我们中国传统文化博大精深，我们益文幼儿园带着孩子过独具特色的中国特色传统文化节日，我们和孩子一起感受这多姿多彩的魅力与韵味，也因此让孩子发自内心地喜欢传统文化，喜欢自己的国家，我觉得这是"育人之魂"所在。对于自由和规矩，我个人觉得这并不冲突，就像园长总结中说的"无规矩不成方圆"，做事要守规矩，做人要守规矩，但规矩不会把人框起来不发展。幼儿园制定规章制度，教师以遵守规章制度为原则，自由自主探索课程的开展，不断努力，不断提高。而我们在孩子的教育上，同样要制定规则，在孩子不违反规则的基础上，教师帮助孩子创造条件，引导孩子自由自主地探究学习。

臧绍荣：做人，做中国人，做现代中国人。一阴一阳之谓道，用《易经》的智慧，启迪我们继承和发扬民族文化的基因，保持民族和文化自信，避免人云亦云，避免走极端，在自由与规矩、预设与生成之间少一些纠结，多一些坦然，将真正有益的东西带给孩子……

张鲁云：西方教育——性本恶，中国教育——性本善。正如园长妈妈一直传递给我们四词中的"善良"一词，有善心才会有人性、有道义，才能培养出有血有肉的人，善良的种子才能在我们身边萌芽。

尹秀霞：老师们说得真好，我们中国的传统文化确实是博大精深，不管是成人还是孩子都要有规矩。说到我们的教育过于西方化，让我想起小时候吃饭的规矩：爸爸妈妈教育我，长辈不动筷子孩子是不准动筷子的。吃饭是不允许剩饭浪费粮食的等，虽看似是小事，但同样蕴含着很深刻的教育意义。这又让我联想到我们的工作和做人。《论语》中有这样一则：君子欲讷于言而敏于行。其内涵是：真正的君子是能在言语方面慎言，而工作要敏捷，要敏于行，在工作方面就是做事要有行动力、执行力。我们就是要把工作中的事情立于行。这些都是我们中华文化的精华。今天，我们的大家庭来了很多新老师！俗话说："三人行，必有我师焉。"老教师丰富的经验是我学习的榜样；年轻教师思维敏捷，富有活力的思想也值得我学习；希望我们都能够在有规矩的同时，又不失自我。新学期加油！

徐艳：正如老师们所说，每一次听专家的讲座在开阔眼界、增长见识的同时，我们的心中更增加了一分自信。我们"养德、启智、健体、怡情、尚劳——为孩子一生奠基"的办园宗旨，"润之以爱，育之以慧"的教育理念及"让孩子过属于孩子的生活、让孩子做自己生活的主人、让教育回归生活"的课程观，都符合党的教育方针、与我国学前教育发展的要求是一致的，我们走的路是正确的。这里给大家推荐一本书《重访三种文化中的幼儿园》，我用了一个月的时间读完，跟随作者回顾了我33年的工作历程，也简单梳理一下我对课程、游戏、教学等认知理解的一些发展和变化，林林总总的读书笔记写了2万多字，收获很多，也有很多感想，概括起来主要有几点。

（1）能够从客观的角度，平等地看待各国幼教的长处与不足，而不是盲目崇拜国外的一些教育方式。特别是日本幼儿教育在全球化的今天依然能够独一无二，日本从国民到政府把幼儿园看作"在社会变迁的海洋中仅存的传承文化的小岛"，这句话对我触动很大。如何在变革中坚守核心价值观确实是中国学前人应该深思的问题。

（2）既然各国幼教发展都离不开各自的文化，那么今后更应该有文化自觉性，要更加珍视中国优秀传统文化。习近平总书记在2018年全国教育大会上提出的培养什么样的人、如何培养人、为谁培养人，事关国家前途命运，在这个问题上，我们绝不能含混不清、犹豫不决。没有一个人会脱离于时代，没有一种理念会游弋于文化之外。但不管怎样，我们越来越善于分析、比较，越来越愿意去思考而不是盲从，所以，中国学前教育的未来一定会越来越好，我们坚信这一点。

（3）幼儿教育、幼儿教师的地位依然需要得到重视和提高。以前总认为幼儿教育不被重视、幼儿教师社会地位低是只在我国存在的现象和问题，但现在发现这其实是一个全球性的问题。希望伴随社会的进步和教育的发展，幼儿教师能够一心一意做教育，能够幸福地为孩子们奉献，同时能够体会到奉献的幸福。

"工作中的幸福感"主题教研

徐艳：（@全体）今天读了胡华名师工作室发表的一篇文章《一个学期已经过半，你找到工作中的幸福感了吗》很有感触。每一位成为益文幼儿园的老师都要学习"中华女子学院幼儿园""胡华名师工作室"两个公众号上的内容，不是只为了看人家的排版有多精致、照片拍得多靓丽、文字措辞多有文采，更多的是吸取精神和心灵的力量。老师们，你们都认真地看了、学了、悟了吗？坚持看、学、悟，一定会获益匪浅。

王志敏：用心灵感应心灵，用情感呵护情感，用爱心浇灌爱心。作为幼儿教师，我们的职业幸福感是孩子给的。稚子之笑非常治愈。在益文，有这样有爱的领导引领，有这种有温度的公众号可以学习，有一群蓬勃向上的益文家人，我觉得自己就像海绵一样，不断吸收。我们的存在感和自我实现的需求都是大家给的。

王晶："儿童文化是起点，成人文化是归宿；儿童文化是根本，成人文化是结果。换句话说，儿童文化为本，成人文化为末。在某种意义上我们可以发现，成人文化原本就是由儿童文化所蜕变的，成人的文化脱掉马甲就是儿童的文化。"反思这段话的真正意义，我们真的要和孩子们一起学习，一起进步，真正走进童心世界！在益文幼儿园，我们不仅在能力上有进步，更可以完善我们的修养和阅历，这些将是我们受益一生的宝藏！有家有爱有益文，让我们和小文与孩子们一起慢下来、静下来，一起好好生活，共同进步吧。

张媛："有情感的教育"应成为幼儿教育行业追求的方向。幼儿教师的看家本领不是弹、跳、画、唱，而是个人情感的丰沛程度。教育本质上是一种情感实践，教育并不是一种技术。小时候，让你爱上学习的很可能不是知识，而是某位老师。丰沛的情感就是幼儿教师最重要的存在方式。情感的再生产，就是教师的情感劳动，必将成为未来幼儿教师专业发展的核心内涵。我对这些话感触良深，让我越来越有力量，越来越理解幼教行业带给我的情感是什么，越来越明白是什么支撑我一生去热爱和奉献。

尹秀霞：对呀，我们都应努力做有情感的教育。它的前提一定是要热爱自己所从事的工作，热爱我们的孩子，热爱我们生活的幼儿园。真正有过付出，才会珍爱我们周围的一切。让我们先用心、用爱真正和孩子生活在一起。沉淀自己，做有情感的教育。

孙鹏玉：选择我所爱，爱我所选择。我想能在幼教之路一直走下去，有满腔的热情是必然的，但我们如何走好这条路，还需要不断学习和探索。在和孩子们一起学习的过程中，有欢乐也有收获，不要将自己单纯地当作老师，我们和孩子一样，是他们共同学习的伙伴，这样才能真正走进童心、走进自己，也才能真正做有情感的教育。

臧绍荣：细细品读，有思想、有文化、有情感、有温度，能把对生活深度的思考化为生活中简单而又充满诗意的日常。比如，自己亲手制作一个布娃娃，布娃娃便有了独一无二的生命，如果活动仅限于此，那大概也就是一个美工活动。然而，布娃娃来到了幼儿园，孩子和布娃娃之间就有了更多情感的联结，此时，孩子自然地扮演照顾布娃娃的角色，带它去看自己看过的风景，带它去走自己走过的路，和它一起玩自己玩过的游戏……布娃娃跟孩子一起完成了美好的学习和体验。孩子们在照顾和陪伴布娃娃的同时，内心也得到了情感的宣泄和爱的滋养。做一个布娃娃带到幼儿园，貌似简单的表象，也并不是难事，但布娃娃来到幼儿园后的那些经历背后却凝结了花草园的老师对生活、对孩子深度的思考和爱意。老师对孩子的爱，正如孩子对布娃娃的爱。那一刻，相信老师和孩子互为彼此，互相懂得。花草园的老师，首先是爱孩子的老师，而后成为又爱孩子又懂孩子的老师。花草园让我们看到：教育有了情感，便有了蓬勃的生命力。

尹秀霞：臧老师说得真好！将平日里看似普通的活动赋予灵魂和情感，教育才会有温度，才会耐人寻味。

徐艳：随着社会的发展，我们的教育技术更发达，设备设施更先进，教学理论更是你方唱罢我登场，甚至让人眼花缭乱、无所适从，但为什么社会对教育的诟病越来越多？对学校教育的质疑越来越多？对教师的非议越来越甚？

为什么那些师德缺失的现象会层出不穷？我想，很重要的原因是缺少"教育情怀"，很多人就是在混日子，典型表现就是：心中没有感情，脸上没有表情。什么是教育情怀？教育情怀是教育者对教育所产生的一种心灵状态，达到的一种心灵境界。教育情怀是一种激情，一种热爱，一种对教育的执着和投入。有情怀的教师，不是把教育当饭碗，甚至也不是一种职业，而是一种伟大的事业，是一种虔诚的向往。教育的情怀，需要灵魂的参与，需要精神的支撑。一位有情怀的老师，一定会在工作中体会到职业幸福感。给大家讲几个故事。

故事一：村里的幼教人

大家可能知道我原来在市机关幼儿园工作，来高新区之前对农村幼儿园的情况知之甚少，来高新区后，看到农村幼儿园的现状并不乐观，农村幼儿教师的待遇不高。但就是在这样的条件下，我却被感动了。由于地理位置的原因，我到咱区曲家洼幼儿园多一些，对宋园长以及她们园的老师也相对熟悉一些。以她们为例谈谈我的感受：每次去，都能看到一些变化。比如，环境、幼儿就餐等，每次都能看到园长老师积极向上的状态，宋园长也多次和我交流，褒奖她们的老师虽然工资低但仍尽职尽责地工作，我也看到老师们对孩子的那份呵护和对提升自身专业能力的那份渴望。每次去送教，园长老师们都不怕麻烦，说得最多的一句话是：我们希望你们能常来，让我们多学一点东西。这些农村的幼教人也许不知道什么是教育情怀，但这就是情怀，在她们身上情怀就是本分、坚守、尽职尽责。

故事二：温暖

那是一个深秋的早晨，我随一位园长参观她们幼儿园的早操。音乐活泼欢快，孩子们很投入。徒手操、器械操、音乐游戏……我饶有兴趣地看着，心情像天空一样澄澈、舒畅。一片树叶飞舞着从树上飘落到我们面前一个男孩的头上，孩子感觉到了，伸手摘下树叶，仔细地端详着，仿佛被这片树叶吸引住，全然忘记了做操。那是一片非常美丽的叶子，形状有点像女孩的连衣裙，绿、黄、橙三种颜色被大自然之手染得那么协调。说实话，我也很喜欢。男孩在把玩着树叶，我在看着男孩。园长显然也注意到了男孩，走过去，轻声问："宁宁，我帮你拿着树叶，你先做操好吗？""好吧。"男孩很自然地将树叶交给园长，接着做起了操。早操结束了，我由衷地赞扬该园早操编排得合理艺术。园长浅浅地笑着，谦虚着，突然叫住正在退场的宁宁，将那片树叶还给了他。

"谢谢园长阿姨!"看得出男孩很高兴。我一怔,原来园长一直将那片叶子拿在手上,她确实是在帮男孩拿着叶子。一片叶子,一个男孩,一位园长,我忽然觉得这个深秋的早晨很温暖。这个幼儿园规模不大,却处处透着温馨。园长对老师,老师对孩子,听不到厉声呵斥,都是细声慢语。园长和保健医生几乎能叫出所有孩子的名字。楼梯口的小脚印,晾台上晾晒的小汗巾,各个年龄段各具特色的值日生表,孩子们自己绘制的安全标志、行为规则,甚至公共卫生间台面上的小摆设、护手霜等,没有哗众取宠,没有高调张扬,这一切让你觉得都是恰到好处,很熨帖、很舒服。是啊,教育最忌浮躁气,在这里情怀就是教育的春风化雨,润物无声。

故事三:我的教育情怀

我们那个年代的小学生常常以"我的理想"为题写作文,因为父亲是教师,所以小时候我的理想就是当一名教师。幸运的是,我实现了自己的理想,而且一干就是36年,从教师到园长,逝去的是青春年华,改变的是工作岗位,但对教育的那份热爱却历久弥坚!2015年,我来到高新区。一位领导跟我推心置腹地说:"徐园长,请你来不是为了办一所园,你要培养出更多的园长,办更多的好园。"虽然斯人已逝,但这句嘱托言犹在耳,铭记于心,不敢忘怀。每当走进条件落后的村办园,看到21世纪我们农村的孩子还没有享受到现代教育的红利,每当向领导呼吁改善农村办园条件时,我常常言语哽咽。诗人艾青说"为什么我的眼里常含泪水?因为我对这土地爱得深沉"。"扶贫更要扶智",教育脱贫是缩短贫困差距的最终有效手段。从那时起,我将曲家洼村办幼儿园作为教育扶贫点,常年坚持带领教师送教到村,用现场示范的形式帮助农村幼儿教师转变观念,提高组织集体教学活动的能力和水平;从卫生保健、档案管理、杜绝幼儿园小学化等方面手把手指导村办幼儿园的管理者规范办园、科学保教;指导村办幼儿园教师利用乡土资源创设户外及区域环境,丰富游戏材料,帮助农村幼儿教师树立"游戏是幼儿园基本活动"的观念。也正是从那时起,我的教育情怀从"让每个孩子都能享受高质量的学前教育"变成"让每个孩子都能享受高质量的学前教育,让边远城区和农村孩子能够与城市孩子在同一条跑道上起跑"。我愿意为这份情怀贡献自己的汗水和智慧。

2019年,我调入新建的高新区益文幼儿园,两年时间,幼儿园发展为一园三区,其中的辛苦难以用文字来描述。每一个园从最初的设计、装修、设备采购、人员招聘、行政管理、队伍建设、教育教学等，从无到有、从有到优，每一个细节背后都有无数个夜晚的辗转反侧。院里的路边石，高度要降低、棱角要磨圆，为的是减少孩子们户外活动的安全隐患；卫生间的实体墙上要开窗，以便于教师的视线能同时兼顾两个区域的幼儿；饮水机、水杯柜怎样摆放才方便幼儿取放……更重要的是带队伍、抓质量。三年来，益文幼儿园快速走上安全、健康、优质发展的道路，成为区域学前教育的领航者。好多朋友都说："作为一位幼儿教师，你的成绩也不少了，少干点儿，不用那么累了。"母亲也劝我："都五十多岁了，轻轻松松、安安稳稳的就行了。"但我想：自己一路走来，组织和领导给了我诸多的信任与鼓励，我想的不应仅仅是自己的成长，更多的应是如何培养教师，帮助他们成长；不应仅仅把自己定位于益文幼儿园的园长，更多的应是全区幼儿园的领头人；做事不应仅仅为了自己幼儿园发展，更多的应是如何带动、推动区域学前教育发展。用更高眼界、更大格局去奉献孩子、幼儿园、幼教事业，才不负自己儿时的梦想，不负这个伟大时代赋予学前人的历史使命。

"情怀在左，专业在右，在幼教这片沃土，随时撒种，随时开花，让身边的每一个孩子都能闻花香，展笑容，一路快乐成长！"参照冰心先生的诗改编的这句教育座右铭将继续伴随我在幼教这条路上走下去，相信明天更加美好！

"如何提高游戏观察与指导质量"主题教研

徐艳：大家听了董旭花教授的讲座，是不是有很多收获？

林露瑜：董教授说幼儿园游戏过程中最难的部分就是什么时候介入，该怎么介入。今天最大的收获就是董教授具体地列举了介入的时机及介入的几种方法。

李颖捷：董教授问幼儿自主和教师指导是不是矛盾的，我跟其他老师想的一样，是不矛盾的。董教授说幼儿与老师是你进我退的关系，并且辩证地解释了这个关系，让我觉得以后在孩子的游戏中可以等一等，再等一等。在以后游戏的时候，我会更加有针对性地观察、记录，适宜地引导。讲座中提到的许多方法我觉得益文幼儿园一直在尝试，如绘画游戏故事、各种表征等，感觉跟着园长妈妈，很幸福，成长得很快。

张媛：是呀，园长！印象最深刻的就是"促进幼儿的发展才是幼儿园永恒的命题""儿童的学习需要身边'更多识的他人'的'指导性参与'"，以及"教师需要进行反思性教育实践，具备反思的意识和能力"。还有董教授第二大板块分享的游戏中的教师支持策略真的是太实用了！总之，自己需要不断提升，成为更专业的教师才能促进幼儿更大的进步与发展！

王婧：边听边重新审视孩子们的游戏，教师是孩子的游戏伙伴和游戏后的分享对象，给我带来了很大的触动和方向，以前的游戏后分享多数是以老师提问为主，引导孩子回顾和讨论游戏过程以及游戏中的问题与矛盾、合作与规则等，才能引导孩子从自主游戏慢慢走向高水平游戏。我今天最大的反思就是我的水平急需提升，老师有进步才能给孩子带来更有效的引导，我要加快脚步进步。

于娟：学到了很多，一直说我们要支持幼儿游戏。反思一下自己，我们是否也在游戏前、游戏中、游戏后多方面支持了呢？好像我们忽略了太多游戏前的指导，我们一般就是介绍游戏材料和游戏中的安全提醒，忽略了我们在游戏前应引导孩子们制订游戏计划，引导孩子们有目的地做选择，引导孩子们拓展新经验。在孩子自主游戏中，老师如何支持真是一门深奥的学问，还需要我们不断摸索学习。

王健：虽然我们的孩子也在自主游戏，但是否是"高水平的游戏"呢？如何让孩子进行"高水平的游戏"呢？老师需要做孩子"更多识的他人"。

张英杰：的确，刚开始听董教授说去幼儿园很难看到老师们参与幼儿的游戏，做幼儿游戏的伙伴，让我想起天琦老师，每次在户外大区域时，野战区总能看见天琦老师和孩子们打成一片，参与到孩子的游戏中。这说明我们的老师已经有了成为孩子游戏伙伴的意识，那么接下来怎样给孩子游戏以不同身份的支持与引导，需要我们不断探索，去引导和促进孩子高水平游戏的开展。

赵芮辰：以后一定会多鼓励孩子玩自己想要玩的游戏，帮助他们将游戏开展下去，及时为孩子们补充和提供他们所需要的材料，不随意插手孩子的游戏，不再将老师的固有思想灌输给孩子，花姐姐的每一次讲座都是满满的收获。

王晶：看了董教授分享的滚筒游戏，不禁想到园长妈妈给我们分享的"土坡上的游戏"。当时自己对这个游戏的解读真的太肤浅了，怎样和孩子们开展"真"游戏，真的要好好学习和想想了！

孙鹏玉：尤其是对游戏后的分享环节的组织，自幼儿园开展教研以来，我不断实践，但始终觉得是个难点，特别是分享中如何提问、如何引导幼儿的游戏走向深入。今天的学习让我对游戏后分享的方法、目标和注意点都有了深入了解，为今后更好地进行游戏后分享打好了理论基础。在实践中，我还要进一步提高自己的专业观察和分析能力，多实践、多反思，提高自身专业水平。

王雪纯：边听董教授的课程，边回想我观察过的孩子游戏，如何让孩子游戏变成高水平的游戏，我觉得与游戏后的分享有很大的关系。如"谁做队长"这个游戏案例，教师提出的问题都是为了引导孩子进行深度学习和有效思考，很值得我学习。

吕姿莹：收获满满，没听够啊！我希望讲得再详细一点，讲多长时间都可以。印象最深的是游戏中教师的支持策略：游戏前、游戏中、游戏后。探讨的几个问题，联系现实班级的游戏开展，陷入沉思，需要反思的太多。唯有借助专业的力量，不断提升自己，多观察、多反思、多学习，才能快速成长。

隋欢欢：孩子游戏过程中，老师的介入引导须谨慎再谨慎，避免成年人的主观和控制欲、教导欲。做到最大化环境和材料对孩子游戏的支持，最小化教师对孩子游戏的干预和控制。

张蕊蕊：通过这次讲座，我最大的收获是明白了原来"自由"和"自主"是两回事，并且相差甚远。自主性体现在游戏中是不依赖、不盲从、不任性。在日常的游戏观察中，我时不时疑惑：这样"自主"游戏真的对孩子成长有很大帮助吗？今天知道了，原来那些不是自主游戏，而是"自由"游戏。通过理念上的拨乱反正，相信在今后的游戏观察以及行为解读中，我会更科学地看待孩子的行为。

神克菊：在自主游戏中更加清晰如何观察、分析和跟进、支持孩子的游戏。尤其是董教授细致分析的游戏前、游戏中和游戏后的教师支持策略非常实用。在今后的工作中，要多思考、多反思、多学习，努力做好幼儿游戏环境的创设者、游戏环境的观察者以及游戏伙伴等。

吕河吟：想要做幼儿身边"更多识的他人"真的不容易。要"更多识"就必须"多学习、多观察、多探究"。当董教授解释"不依赖、不盲从、不任性"的"自主"游戏时，忽然想到了园长妈妈曾说的"自主"和"规则"，自主游戏并不等于自由散漫，任何游戏都应该有自己的规则。

连懿：每次听董教授讲有关自主游戏的讲座，都让我不由得反思自己在孩子游戏的过程中是否适时介入了，是否在游戏活动后带领孩子真的回顾学习了。今天也让我正确认识到如何参与、介入幼儿的游戏。相信在今后的工作中，一定会尽我所能给孩子们带来更加自由的游戏。

耿金：这次讲座，我印象最深的一句话是：反思性教育实践是一个螺旋式发展的过程。作为教师，我是否关注到孩子自主游戏的意愿？是否介入得过于生硬？主观促进孩子哪方面的发展？有助于推动孩子持续性游戏的兴趣吗？遵循孩子个体差异没有？这些问题也让我反思自己在日常孩子自主游戏的过程中的做法：我是怎样做的，我应该怎样去做。"在幼教实践中，老师会不由自主地越位和高控"，这句话也提醒我，要在基于观察的前提下，提高自己的专业能力，专业分析，专业决策，专业行动，专业反思，不断发展自身素养，最终让孩子成为孩子。

罗志纯：今天董教授讲到"小班积木区的打闹游戏"时，为我们小班孩子的区域游戏引导指明了方向，"静下心，蹲下来陪孩子一起游戏，在游戏中利用小班孩子的模仿行为来引导孩子。变成小孩的你才配做小孩的先生"。董教授还提到我们平时与孩子一起进行的"游戏故事"是对孩子游戏过程的一个回顾、反思与提升的过程。

王志敏：自主游戏说了这么久，我才刚学会了放开手，管住嘴。今天听了董教授的讲座，突然发现放开手和管住嘴也应当建立在游戏前将经验与玩法及内容给予了之后，配合孩子创造性地玩儿，甚至把自己当成孩子也去创造性地玩儿。

王霞：看了这场直播，收获颇多。我最最关注的是游戏中教师的支持策略。从游戏前到游戏中再到游戏后的教师支持策略总结得十分详细，甚至游戏后讨论交流应该注意的问题都很详细，唯一可惜的是时间有限，董教授没有详细地举例论证。将孩子高水平游戏作为目标，努力提升自己的素养，提高专业能力，增强业务水平。

孙红蕾：在游戏观察过程中，我一直在思考是否需要介入游戏，此时介入会不会打扰孩子们的游戏进程？不介入会不会不利于孩子们深入游戏？今天通过董教授讲座中幼儿游戏介入时机选择、教师必须介入的几种情况、介入方式方法这几个方面慢慢找到答案。

于童：又一次听董教授的讲座，真是学到很多，意犹未尽。通过这次讲座，我反思在日常和孩子们进行游戏前的准备是否有计划？介入孩子们的游戏时是否有必要？以什么方式和身份介入更好？让我正确认识到怎样介入幼儿游戏，游戏过程中的介入也须谨慎再谨慎！

谢颖超：在观察中我们何时介入，怎样介入，才能使孩子得到发展，才能发挥介入最大的功能？董教授给出了解释：当教师通过观察分析对孩子的游戏有了足够的了解后，才能找到介入的最佳时机，游戏过程中的介入引导须谨慎再谨慎。更重要的是教师的干预指导应以推进孩子的游戏为根本目的，为孩子自主展开的游戏提供帮助指导，应避免为了提高孩子的游戏或者为了发挥游戏的教育作用，而去教幼儿游戏或过多地干预幼儿游戏。

尹秀霞：如何让孩子的游戏从每天自由自发的游戏变成高水平游戏。这个过程对于老师的要求真是不简单的。自己从一开始不知道什么是区域后的分享，慢慢深刻意识到区域后分享的重要性，然后会进行区域后的分享，也观察到一些问题和有价值之处。但是如何更高质量地进行区域后的分享，对于我来说是需要学习的。分享中提到谁做队长，听了教授的讲座，我认为和孩子在一起一定要保持一颗童心，面对孩子之间种种的问题和矛盾，当老师不知道如何做时，可以试试将问题抛给孩子。还是要慢下来，和孩子真正过属于孩子的生活。

王志敏：游戏后的分享应推进孩子的自我反思，而不是简单地提问与回答。这让我想到了分享中常问孩子"你今天玩了什么"？导致后期孩子画游戏故事的时候就画了今天玩的那个材料。有时也有孩子画一个生动的画面，如跟同伴的交往等，却没想过到底该如何提高他们的表征水平。怎样才算推进他们高水平的游戏。给自己定一个短期目标，先把目光放在分工与合作上，尝试引导孩子们将伙伴间的合作表征出来，把他们之间发生的事讲给大家听。

唐宏丹：老师在介入游戏中要避免成年人的主观性。比如，我们每次都会进行的区域游戏分享，游戏故事表征都是在游戏后逐渐地引导孩子游戏慢慢向高水平发展，这都是我们需要思考和进步的点，也是我们真正需要学习的地方。

姜欣阳：记得之前看过董教授的直播，假期也看了她的《自主游戏》这本书，书中通过几十个游戏案例和实践链接，从理论阐述到实操指导，都给了很多建议和方法，都很实用。现在的我潜意识中对"幼儿教师"的理解还是有些肤浅，只是把自己知道的知识、方法传授给孩子，并没有让孩子自主学习，游戏中也是固有思维，有些孩子想要尝试的时候，有些动作我可能会制止。本次讲座也让我明白以后在孩子的游戏中要避免成年人的主观，多给孩子自主发展的空间，引导孩子回顾和讨论游戏过程，共同进步、共同发展，同时要学会将自己学习到的理论知识多用于实践，常反思，提高自己的专业水平和各项能力。

孙梅：这次印象深刻的是关于如何介入孩子游戏、什么时候介入以及探寻游戏中的生长点，要进行游戏前的准备，游戏时介入，要讲究方法，游戏后不仅要和孩子们一起讨论交流，自己更要反思：在本次游戏中是否真正实现了预设的生长点、本次游戏的价值是否得到了体现，让幼儿进行高水平游戏，促进高水平发展。

林人红：这次学习，我是边学边反思，还可以用现学的"专业"来分析孩子的一些游戏现状，在学习过程中，还在努力跟着董教授的分享反思自己支持孩子的方法和策略是否合适，也更真切地体会到了园长一直跟我们说的，我们要用自己的专业来回应孩子、回应家长。通过观看视频，我对高水平游戏有了更明晰的认识和理解：孩子的团队合作，孩子对游戏玩法的创新，孩子在游戏中一物多玩的探索、合作、创新，孩子的高度投入和专注……通过案例"谁当队长"，我又一次感受到如果我们的问题没有得到想要的回应，那肯定是我们设计的问题出现了偏差，问题的设置需要花费大量的时间来研究，所以游戏后分享也绝不是简简单单就可以做好的，这需要一个过程，但是，如果我们一次比一次进步，就会无限接近"做得很好"的目标！我感慨，多么宝贵的一次学习，让我意识到：如果老师都能真正助推孩子的高水平游戏，那一定会成就孩子的高水平发展，我们要更专业，才能给予孩子更好的成长环境！我希望，在接下来的幼教生涯中，可以成为孩子身边那个"更多识的他人"，给予孩子更多的认可、接纳、引导、帮助和肯定，给予孩子恰当的影响！

王立敏：在幼儿游戏中老师的介入有很大的学问，不盲从，不随意，要用眼睛、用心观察和感受幼儿的游戏进行情况。另外，听了董教授的讲座，对于游戏后的分享我感受颇深，每次无论是户外游戏还是室内区域游戏带领孩子进行分享时，都偶尔语塞，不知如何更好地提问才能使孩子有更大的收获，今天的学习，给我在今后的游戏分享中指明了方向和目标。争取在游戏后的分享中使孩子获得更多的收获。

杜季蒙：边学习边记录边反思，收获颇多，意犹未尽。"你必须变成小孩子，才配做小孩子的先生"，多少人想回到小时候感受小时候的快乐，而我们每天都有这样的机会，真的是幸福。董教授的分享每一部分都太实用了，"儿童的学习需要身边'更多识的他人'"，我会多学习，多实践，提高反思的意识和能力，做负责任的老师。

隋新红：一直说孩子是以游戏为基本活动，但对于游戏的含义、游戏中教师的支持、游戏后的发展认识是不足的，董教授的讲座真是及时雨，是我们每天都面临的问题。分享的"滚筒案例"让我们看到孩子的合作和创造性，他们才是游戏高手，"小班建构打闹案例"让我们看到老师的专业和有效观察很重要，"谁当队长"案例中老师的提问引发的孩子思考，也提到了孩子游戏经验的拓展同样是一个渐进的过程，不要急于通过一次的讲解等方式让所有幼儿掌握，学到了很多解决策略，小小游戏，大大学问，在自主游戏中要学会先观察再指导。

姜梦：听了董教授的讲座，让我有一种茅塞顿开的感觉。每次看到孩子们在区域自由游戏的时候困扰我的问题得到了解答，比如，今天我们班刘同学、史同学和谭同学拿着玩具玩得很兴奋、很开心，我一边担心孩子会不会相互碰伤，一边又不忍心打断他们的快乐。今晚董教授播放的垫子视频，让我明白这个界线在哪里，当孩子的行为有明显的安全隐患时，老师必须介入。

陆成慧：作为一名经验并不丰富的老师，每次在孩子进行游戏时，怎样介入孩子游戏是最令我感到苦恼的事情。由于每个孩子的能力发展各不相同，他们所面对的危险也有所不同。有的时候我感觉这样的游戏很危险，孩子不能保护好自己，但是孩子们却展现出了对危险的预见性，避免了自身受到伤害，而我的"关心"却打断了孩子们的游戏。有时我觉得这样的游戏没有危险，可危险却又突然出现。通过这次的学习，我意识到了教师应该根据现场情况与孩子自身的能力辩证地来判断和选择介入时机。在游戏中，我经常能收到孩子的求助，而我总是一味地以老师的身份对他们进行说教，最后虽然事情解决了，但是游戏也戛然而止。如果我能放下身为老师的控制与教导欲，以一个孩子的视角去解决问题，那最后的结果想必一定会更好。

王馨悦：作为教师，我们应该最大限度地放手，最小限度地介入，理解孩子行为背后的真正意图，避免我们自己的主观意志干扰孩子的游戏。介入后我们也要进行适当的思考：①我的介入是否尊重了孩子的意愿。②我的介入是否帮助孩子获得了新的经验。

苏琰茹：每次听董教授的讲座，都能让我联想到自己班的孩子，特别接地气。尤其是孩子的游戏中，总能让我在困惑中找到答案，并在日后的孩子游戏中去解决之前存在的问题。适时地、科学地介入孩子的游戏真的是个大学问，我们只有多学习、多反思，才能让自己成长起来。

衣丽颖：记下笔记还要反复研读才行。有理论，有实例，有方法，原来游戏不是那么简单，有很多需要深度思考的问题，对于新老师来说，本次讲座给我们提供了关于自主游戏如何组织和进行的方法与目标，以及再次明确了教师的职责和专业能力范围，在面对自主游戏不知所措时，给我们提供了一个方向。幼儿教育的实践性强，让我意识到还有很多需要学习的地方，有很多不足，还需不断学习、实践、思考和改善。

王莹：教授说在游戏中教师的角色有很多种，如创设者、观察者、组织者、支持者、引导者等，那么是否能够说明每一种角色的真正含义呢？要创设什么样的环境？做什么样的游戏伙伴？怎么观察？从哪些方面进行支持？引导策略有哪些？抛出疑问后都得到了解答，对于孩子游戏时的介入也让我懂得了很多，在既不打断孩子的活动，又保证安全的情况下进行良性介入，能使活动上升到一个高度，在日后我会带着这些疑问结合实际一一解决，再次感谢园长妈妈的分享。

李文波：游戏活动的支持与引导是教师应具备的专业能力之一，也是我们急需提升的。董教授75分钟的讲座包含太多知识点，解答了我心中很多关于自主游戏的疑惑。何为自主？什么是高水平游戏？以问题为导向让我们走出了认知误区；自主游戏为什么需要教师的支持与引导？背后的理论基础源于对幼儿自主性发展水平和特点的认知；游戏中教师的支持策略更是具体可行的，真的是我们工作中时时都要用到的，如何支持？何时介入？如何介入？如何分享？……被深深吸引，也在聆听学习中不断反思：所有的支持、引导与推动，都离不开教师的观察、分析和判断，更需要我们不断学习、反思与提升。

位颖：这次我学到：教师在游戏中应该扮演什么样的角色，高水平游戏呈现的是孩子的高水平发展，自由自发的游戏不等于高水平游戏，在游戏中，教师应该如何支持和引导孩子，不能越位、高控孩子的自主游戏。原来小小的游戏中有这么多的学问，今后我会多学习、多思考，合理地参与孩子的游戏！

赵萌萌：在今天的讲座中，又一次让我受到了触动。游戏后的讨论交流方面，想想自己现在做的有所欠缺，在今后要不断学习提问、追问、回应孩子的技巧。游戏中教师的支持策略方面，听完董旭花教授游戏前、游戏中、游戏后的讲解，受益匪浅！能做到有思考的观察，观察孩子行为不急于介入，对周边环境的危险能准确做出预判，这都是我今后努力的方向！

徐艳：大家都收获满满。其实观察对于老师来说不仅仅局限于游戏中，一日生活中教师对孩子的观察都很重要，给大家讲一个我看到的真实案例。

盥洗室里的男孩

一天我到阳阳班洗手，盥洗室中有三个男孩正端着水杯说笑。我一边洗手一边观察他们:男孩甲笑着拿走男孩乙手中的杯子,一手一个杯子把水倒来倒去;男孩乙闹着去抢自己的杯子,甲一边躲一边说:"水太热了,我倒倒凉得快!"男孩丙本来端着水想喝,听到甲的话,把杯子放到了水池里,说:"我放到凉水里也凉得快。"乙叫着:"快给我杯子!"这时,教师进来了,看到三个男孩,说:"你们是在喝水还是在玩?赶紧出去。"三个孩子赶紧喝了口水放下杯子出去了。

　　我是目击者也是观察者,说实话,刚才看到三个男孩的做法我很高兴,觉得他们真了不起。用两个杯子来回倒水和把盛热水的容器放到凉水里能够让热水快些变凉的知识,幼儿园肯定是没有直接教授的,那么这些经验从何而来呢?也许是在家里看到大人这么做的,也许是把了解过的关于热传导的经验迁移过来了,总之,男孩甲和男孩丙是两个非常善于观察、有解决问题能力的孩子。男孩乙虽然没有表现出这种能力,但在同伴玩耍中也间接获得了这些经验。这是多么好的学习呀!如果老师不进来,我一定会大大表扬他们,而且会当着全班孩子的面告诉老师孩子们的聪明才智。相信,孩子们一定会非常开心,以后在生活中更愿意做个善于观察、善于学习、善于解决问题的孩子。但是,正因为老师没有看到这些,所以很武断地判定孩子们是在嬉闹,也有可能会在以后的喝水时间给他们更多时间上的限制以防止嬉闹现象发生。

"幼小衔接的可能路径"主题教研

张英杰：今晚线上学习李召存教授的讲座《以小班为起点：幼小衔接的可能路径》。

徐艳：大家都看李教授的讲座了吧？对讲座内容和自己的教学实践，大家来聊一聊吧。

林人红：本次学习，让我们清晰了幼儿园三年高质量学前教育的价值，也让我们重新审视了自己幼教工作的意义。我们推崇的生活化课程、教学游戏化，在调动孩子们多感官体验的同时，也能更好地促进孩子们的厚积薄发、可持续发展，这些案例，让我们在与家长沟通交流幼小衔接时，又多了强而有力的底气！

张英杰：今天的讲座也特别适合家长。

林人红：这些观念正是家长一直以来对幼小衔接的焦虑最好的解答，我们可以思考：怎么把这些理念传达给家长？

林露瑜：再一次感到肩头责任重大，越来越为自己的选择感到骄傲。我们正在进行的生活化课程让孩子们在各个方面都得到提升、推进。让我们在与家长沟通时有了很好的依据。

吕河吟：我觉得家园沟通又多了好多专业知识可以宣传给家长，幼小衔接不仅是孩子能力、习惯的衔接，我们还要注意给孩子提供更多亲近自然、直接感知、动手操作、亲身体验的机会，这也是我们一直以来生活化教育的方式。

孙鹏玉：听李教授讲"幼小衔接中的往前看和往回看"，让我想到了毕业典礼，就不完全局限在一场仪式，而是要通过一系列活动让孩子回忆自己的成长历程，憧憬自己的小学生活，让孩子发自内心地感受长大的自豪和成为小学生的自信，真正从身心上做好入学准备。不仅如此，今天的讲座也为我们的家园沟通工作提供了很多对家长科学引领的理念，让我们的家园合作更通畅！

李颖捷：今晚的讲座让我在以后的工作中也更有侧重点，生活化课程也是我们一直在做的，孩子们在这里感受、动手操作，这让我们与家长沟通交流也有了更多的内容传输和导向，建立起家园互通、家园协作的方式，让孩子更好地成长。

尹秀霞：深刻领悟到我们幼教人肩上的责任，孩童时自主游戏的搭建、每次游戏后的游戏故事绘画环节都有着深远的意义，潜移默化、润物无声地影响着孩子今后的学习。优质的教育应该充满许多"润物无声"和"无心插柳"的过程，让我们一直秉承"润之以爱，育之以慧"的教育理念引领家长科学育儿！

王晶：有幸成为益文人，可以汲取这么多知识。李教授的讲座摒弃了陈旧的幼小衔接模式，教会我们如何真正开展适合幼儿幼小衔接的活动和方法，如何用专业的知识和家长沟通。家园携手，静待花开。

陆成慧：生活中处处是教育，正如李教授提到的春雨沙沙，刻板的文字并不能让孩子产生更大的共鸣，当孩子调动了他的视觉、听觉、触觉等一系列感觉系统，才能更深入地了解这种事物的内涵，进而发散思维，促进思维发展。这是知识与"心"的连接，是幼儿创造自我的过程，也是对我们老师如何合理运用生活化课程理念的考验。

徐艳：我曾经说生活是幼小衔接最好的练习场。咱们的自主入园、自主取餐、"入园九部曲"、"进餐五部曲"等，都是从小班就开始锻炼孩子的各种能力。比如，"好好吃饭"是我在每个园区开园时对孩子们提出的要求和祝愿。怎么个吃法呢？老师们把饭菜直接分好又简单又方便，但却失去了锻炼孩子自我服务能力提升的大好机会。于是我们就在小班入园两个月基本适应幼儿园生活后，开始尝试让孩子们自主取餐。咱们中班孩子关于自主取餐开展了一系列的话题讨论和表征。孩子们先提出了关于自主取餐的一些问题：有的说盛饭时怎么能让盘子不跑呢？有的说碗和盘子一下拿不过来怎么办？饭菜洒了怎么办？不会用夹子怎么办？大家讨论后总结了很多办法：先盛汤，把碗放到桌上再拿饭，专心一点就不会洒了；慢慢走；夹子上有个小山坡在下面才行。接下来是关于取餐路线和餐具的探讨与尝试：端了饭被别人碰到怎么办？米饭粘到铲子上怎么办？试一试总会有办法：都朝一个方向走，波点勺子最好用。关于饭菜保温的方法也有很多，但最简单可行的办法是：取完餐后，赶紧盖上盒盖。看，只是一个"好好吃饭"，只要我们用心就可以"大做文章"。这些都是在为幼小衔接做准备。

"疫情下的幼小衔接"主题教研

徐艳：各位老师，疫情下如何做好幼小衔接给我们提出了新的课题。现将南京鹤琴幼儿园的做法分享给大家，希望能够给予我们一些启发。

臧绍荣：谢谢园长的分享，这也是我们当下需要切实做好的事情。

王健：幼小衔接不是一蹴而就的，需要家长和幼儿园共同努力与配合。老师要想办法改变家长只关注学习的观念。现在仍有很多家长认为孩子在学前阶段提前学习文化知识很重要，针对这样的情况，要缓解家长的焦虑情绪，其次提出好的建议。总之，幼小衔接的是学前儿童连续不断发展的社会、心理、身体发展的阶段，不可以片面地关注一方面。看完园长妈妈给推荐的链接，我觉得里面也有很多中班可以借鉴的地方，可以整理一下发给家长。

林人红：这些理念正是我们幼小衔接需要引领家长去体会的，我们可以尝试让家长一起配合实施，一起助力孩子的幼小衔接。

李文波：科学做好幼小衔接离不开家庭和幼儿园的共同努力，更需要渗透于幼儿园三年保育教育的全过程中。正如园长所说：家庭也是幼小衔接最好的练习场。感谢园长的分享，拓宽了我们与家长和幼儿互动、做好幼儿衔接的思路。

孙鹏玉：马上就是学前教育宣传月了，这些理念能引领老师、家长进行科学的幼小衔接。

张凤：幼小衔接光靠幼儿园是很难实现的，必须实行家园共育。大班孩子即将毕业，进入小学，完成阶段性转变，幼小衔接尤为重要。上周家长会我就重点向家长介绍了关于幼小衔接孩子需要的各种准备，也向家长推荐了六本关于幼小衔接的绘本。用心播种，静待花开。在家园共同的努力下，我们帮孩子们一起度过其人生的第一个转折点。

林露瑜：诚然，幼小衔接不是一蹴而就的，是需要贯穿整个幼儿园阶段的。同时，老师还有一个重要的任务就是帮助家长改变观念，只有家园携手，才能事半功倍。

张鲁云：幼小衔接需要家园一起配合，就像园长在会上说的"生活其实是做好幼小衔接最好的练习场"，居家停课期间怎么帮助家长、帮助孩子们助推幼小衔接的进行也是我一直在思考的问题。孩子停课、家长不停工，我们怎么才能调动家长的积极性，减少家长的焦虑？特殊时期下的大班孩子和大班家长要怎么带？好在我们的幼小衔接一直在进行着，家长的观念也逐渐得到了改变，我们也将继续努力，和孩子还有家长一起跨过这个既有期待又有忐忑的转折点。

王晶：回想多年前自己教幼小衔接的时候真是汗颜，为了迎合家长只重视知识上的片面衔接，而没有注重幼儿思维方式、学习习惯、生活习惯、社会技能等方面的衔接。来到益文，看到我们关于幼小衔接的课题研究，看到园长妈妈给我们发的这些可以学习借鉴的资料，我才真正懂得如何正确进行幼小衔接，给家长一个正确的建议，给孩子一个正确的引导。童年很短，但在益文幼儿园的孩子们的童年很暖。

王志敏：之前班上有不少家长觉得自己很有幼小衔接意识，把小学的计算和笔画拼音本都买回来了，中班的孩子每天都被逼着练习。还有个别家长说益文活动多，就是不学知识。每当听到这些，我就觉得我们的责任重大。我们不仅是孩子的老师，也身负帮家长转变错误理念、指导他们科学教育孩子的责任。有时候感到指导家长产生的影响可能对孩子们未来的发展更重要。就拿最近这两次的线上家长会来说，我们把幼小衔接的内容持续输出，家长们听得多了，也在反思自己的想法。会后有几位家长主动找我交流，我也发现了自己的问题。小文正在做的大家也都看到了，感受到了。家长们认可了，行动了，包括我们一直在推广的"好习惯养成记录"，大家参与得也越来越有动力。作为教师还是要提高自己的专业知识，幼小衔接任重而道远，我们仍需努力。

张蕊蕊：文章很实用，读下来收获颇多，值得反复阅读。我把文章内容整理成了思维导图，分享给大家，方便日后快速查阅。整理过程也是自我建构的过程，共同成长。

徐艳：大家可以把这个视频和蕊蕊整理的那两个图发到班级群里。

李文波：幼小衔接的家园共育盛宴，谢谢园长，已转发。

刘一非：太好了，零起点教学。

张媛：实现科学幼小衔接的助推剂。

张英杰：从幼小衔接到小幼衔接。

臧绍荣：小学一年级零起点，降低难度，确实是很重要的，也是国家政策上最大的支持，从幼儿园一头热到小幼双向互动自然衔接，一个"缓坡"的理念，也是蹚过了千山万水，来之不易。

尹秀霞："难度降低、坡度变缓、科学进行幼小衔接"，这些更加给了我们支持和动力。不再是断档、一头热的局面。又一次说明在园长妈妈的带领下，益文幼儿园的教育理念一直走在前列。

徐艳：疫情对于幼小衔接有没有影响？一定是有的，因为帮助幼儿科学做好入学准备，是幼儿园教育的重要内容，居家学习势必会减少孩子在幼儿园接受的关于幼小衔接方面的教育。但是，若说因为有疫情孩子们就一定会不适应小学生活，我是不同意的。因为入学准备幼儿园不是从大班才开始的，更不是在大班下学期强化训练的，而是贯穿在幼儿园三年生活中的，我还是强调那句话：生活是幼小衔接最好的练习场。如果老师和家长真正懂得什么是科学的幼小衔接，那么在哪里都可以实现帮孩子做好入学准备。当然，越是这种时候，我们越是要做好家园共育工作。鹤琴幼儿园的老师们从家长的角度——如何为幼儿做入学准备，给出了一份教育锦囊，我们可以用"拿来主义"的办法，用这些教育锦囊指导家长围绕幼儿入学所需的关键素质，做好身心、生活、社会和学习四个方面的准备工作。另外，居家期间，我园开展的"我在长大"习惯养成活动正是幼小衔接之家园共育的一项内容，提醒家长和孩子一起记录。

益文幼儿园"我在长大"习惯养成家庭记录表（小班）

班级：　　　姓名：　　　年　　月

内容	自我服务						阅读	体育锻炼	参与家务劳动
	规律作息	洗漱	穿衣	用餐	饮水、如厕	物品整理			
	1. 能在成人的陪同下按时睡觉，按时起床 2. 睡觉时将衣物叠好，放在固定位置	1. 自己刷牙 2. 自己洗脸 3. 放好毛巾、牙刷 4. 餐前便后洗手，毛巾擦干	1. 能自己穿脱外衣、拉拉链 2. 自己穿鞋、脱鞋 3. 自己戴帽子、手套等	1. 按时独立用餐，正确使用餐具 2. 餐前洗手 3. 专心进餐，不挑食、不剩饭 4. 餐后椅子归位 5. 餐后漱口	1. 愿意喝白开水 2. 能在提醒下每天喝足量的水 3. 有便意时能及时如厕 4. 便后整理衣物	1. 鞋子摆放整齐 2. 衣服叠放好 3. 自己整理图书、玩具等 4. 用过的物体放回原处 5. 垃圾放入垃圾桶	1. 坐姿端正，安静阅读 2. 亲子阅读时，认真倾听，积极表达 3. 爱护图书，不损坏图书	每日进行5～10分钟的拍球活动	愿意参与做家务事：摆放碗筷、扔垃圾、浇花等
星期一									
星期二									
星期三									
星期四									
星期五									
星期六									
星期日									

益文幼儿园"我在长大"习惯养成家庭记录表（中班）

班级　　姓名：　　年　　月

内容	自我服务						阅读	体育锻炼	参与家务劳动
	规律作息	洗漱	穿衣	用餐	饮水、如厕	物品整理			
	1. 按时睡觉，按时起床，并坚持午睡 2. 掌握正确的睡眠姿势 3. 睡觉时将衣物叠好，起床后整理床铺	1. 自己挤牙膏、刷牙 2. 自己洗脸、擦脸 3. 放好毛巾、牙刷 4. 餐前便后用正确方法洗手，毛巾擦干	1. 自己穿脱衣服、系纽扣、拉拉链 2. 自己穿脱鞋袜 3. 自己戴帽子、手套等	1. 餐前自觉洗手 2. 正确使用餐具，独立进餐 3. 进餐时不偏食、不挑食、不剩饭 4. 细嚼慢咽，保持地面、桌面整洁 5. 餐后漱口	1. 主动喝水，每天喝足量的水 2. 大小便后及时冲厕 3. 便后整理衣物	1. 鞋子摆放整齐，衣服叠放好 2. 不乱扔玩具，不损坏玩具 3. 自己整理图书、玩具等 4. 用过的物品及时归位 5. 垃圾放入垃圾桶	1. 坐姿端正，安静阅读，知道保护眼睛 2. 认真倾听，完整、清楚表达自己的想法和感受 3. 爱护图书，不损坏图书，尝试修补图书	每日进行花样拍球10分钟	做力所能及的事情，积极参与家务劳动:擦桌子、扫地、摆放碗筷、扔垃圾、浇花、洗小袜子／小毛巾等
星期一									
星期二									
星期三									
星期四									
星期五									
星期六									
星期日									

益文幼儿园"我在长大"习惯养成家庭记录表（大班）

班级　　姓名：　　　年　　月

内容	自我服务						阅读	体育锻炼	参与家务劳动
	规律作息	洗漱	穿衣	用餐	饮水、如厕	物品整理			
	1. 按时睡觉，按时起床 2. 睡前将脱下的衣物叠好并摆放到固定位置 3. 起床后自己穿衣服并整理床铺	1. 早晚主动用正确方法刷牙 2. 自己洗脸并整理洗漱用品及台面 3. 餐前便后主动用七步洗手法洗手	1. 自己穿脱衣服 2. 根据冷热增减或更换衣物 3. 自己穿鞋并学习系鞋带	1. 按时、独立用餐 2. 练习正确使用餐具，学习使用筷子 3. 进餐时不挑食、不剩饭 4. 注意餐桌礼仪，专心进餐，餐后主动收拾残渣 5. 餐后椅子归位并主动漱口	1. 主动喝水，喝足量的水 2. 及时如厕，便后主动整理衣物 3. 便后学习正确使用厕纸擦屁股	1. 用过的物品及时归位，并保持整齐 2. 学习整理房间并按类别整理自己的物品	1. 坐姿端正，安静自主阅读 2. 阅读时，坚持读完一本书 3. 爱护图书，损坏的图书及时修补	1. 每天固定时间进行体育锻炼 2. 每天练习跳绳10分钟	主动参与力所能及的家务：擦桌子、扫地、摆放碗筷、扔垃圾、浇花、洗小袜子/小毛巾等
星期一									
星期二									
星期三									
星期四									
星期五									
星期六									
星期日									

"浙江省幼儿园游戏研讨会"主题教研

徐艳:老师们,现将"浙江省幼儿园游戏研讨会"链接发给大家,请认真收看学习,做好学习笔记。浙江省的学前教育一直走在前沿,这次游戏研讨会既有理念又有实践,咱们外出学习都很难遇到这么高规格的培训,所以希望老师们珍惜机会。只有乐学、善学、多学,专业水平才能提高。

罗志纯:老师们在游戏中对孩子的有效介入,游戏后孩子们的互评环节让我看到老师们的教育智慧,发现自己的不足,努力让自己变好。

张蕊蕊:在昨天的研讨会上学到很多,尤其是老师们分享优秀案例环节,在具体例子中看到了优秀教师的课程视角,他们的细节处理和深度挖掘让我大开眼界。比如,在森林游戏中,为了让幼儿零距离与大自然真切接触,初期特地设计为不带任何材料,徒手过去玩耍;在制作计划书环节,立足实用性,从一阶计划书一直探索到四阶计划书,一份小小的计划书也这么有探索价值。还有关于倾听的案例分享,也让我有很大感触,原来优秀的倾听不仅是局限于倾听后的当下反馈,还可以把"倾听"化作一根线,引出孩子的一系列学习,如案例中对公共汽车感兴趣的那位小朋友,在老师的耐心倾听下生发出了对公交车愈来愈浓厚的兴趣,触及了公交车的结构、线路、不同公交车的规格等。

张凤:这次学习中,老师说:"教育是一种艺术,而不是技术。"在理论与实践的联系中,让我明白:幼儿园游戏兼具"自然性"和"教育性"。我也反思自己如何发现孩子一日生活及游戏的兴趣点,挖掘其中的教育内容,不仅顺应了孩子的需要,更提高了孩子思考探究的积极性。作为老师要有敏锐的观察力和洞察力,学会放手,给孩子自主学习的机会,相信孩子等,这次学习让我受益匪浅。感谢园长给我们搭建的学习平台。

王晶:教育是艺术不是技术!这次培训非常实用,游戏分享很难,修炼好观察、捕捉、倾听的能力，终有一天，我们能捕捉孩子成长的信息！加油！

孙鹏玉：本次学习给我带来的不仅是惊喜，更有惊叹，惊喜于学习内容正是我们当下开展游戏活动迫切需要的，惊叹于安吉的孩子们对"有能力的主动的学习者"这句话的很好诠释。通过学习我们深知，不是我们的孩子天生差些，而是我们在游戏理念、指导、观察、解读、分享等方面的欠缺，学习让我找准差距，认清方向，未来与孩子共同学习期间，我将从"放下自我，对幼儿打起十二分的兴趣"做起，观察倾听幼儿，在教学中实践并思考如何有效观察倾听，如何进行有效师幼互动……和孩子一起成长。

林露瑜：示弱，放下自己，对孩子保持十二分的好奇，不断学习，跟孩子保持畅通的沟通。不断学习各科知识，不是为了教给孩子，而是为了能读懂孩子，为了在孩子们游戏生活遇到问题时，能够调出自己的知识库，给孩子提供支持和帮助。对这些观点我深以为然。一直以来老师对自己的定位就是"学高为师"，似乎只有在学生面前无所不知才堪当"老师"的身份。而现在老师在后，孩子在前是我们要修炼的，我们要做孩子背后的老师。

于娟：对今后幼儿游戏与课程有了一个全新的认知。不管是从孩子方面还是从教师自身，重新审视，有了一个更好的方向，走近儿童，了解他们，掌握好自己的角色定位，"加减乘除破改"，把属于孩子的游戏权利真正还给孩子。尤其在分享游戏环节，还是得"管"好自己的嘴巴，让孩子自己说自己的游戏，用他们的兴趣点引发讨论，教师在这个讨论中及时捕捉有用的信息，把更多权利还给孩子，自己讨论困难点、矛盾点，用挑战小书的形式进行记录更能推动游戏的进展……总之，收获太多的知识，今后让我更容易走进儿童的世界，发现儿童。

张鲁云：在看直播的过程中一直能找到共鸣，之前在游戏分享时确实也存在很多问题，和孩子相处时虽然有了一种参与者的感觉，但是那种通过对话推进幼儿学习的方式与方法还需要多钻研、多学习、多实践、多倾听。

刘莹莹：经过一天半的学习，看到优秀老师们分享的游戏，从昨天的"教师如何支持与倾听"到今天的"教师如何进行介入"，以及老师们的教研活动，收获满满。比如，在设计游戏场的时候，会请小朋友来当设计师，画出自己的想法。在新学期我们安排室内区域的布局时，也可以请小朋友来分享一下，如何摆放才能更方便他们在室内走动、进行游戏。在直播中，老师们分享的游戏中的支持、介入的方法，游戏后如何引导幼儿分享游戏，教师如何进行反思，都值得我反复学习与思考，在以后的活动中，我会多多借鉴老师们的优秀方法，为小朋友们提供更好的活动！

孙梅：沙池游戏的变化让我想到了海天的沙池游戏，游戏材料也逐渐丰富了，随着天气变暖，孩子们的探索也更多了。这两天的学习，让我反思如何作为一个游戏参与者，遵循孩子的行为，让孩子自己建构，而非自己想要观察的。在观察前，要把握什么原则，游戏时老师要扮演什么角色以及游戏后如何支持游戏。积木引发的活动看到孩子的潜力无限，在今后要多多把问题抛给孩子，学会看到孩子的发展，给孩子提供机会，发掘孩子的能力。

吕河吟：真的是学到很多，看到其他老师的有心、用心。在平时注意积累幼儿活动时的照片、视频，而且能够做到心中有数，善于观察孩子，与幼儿共情，在分享环节能够快速反应，捕捉学习点。跟着专业老师学习，努力提升自己的专业素养，这确实是一场有意义的修行。只有一盆水怎能担得起一声"老师"。我将对世界充满好奇，对每一个孩子的回答给予回应，保持兴趣，与孩子共成长！

王霞：尤其是舟山的那位老师所分享的，很好地解释了在游戏分享中抓不住重点这一问题的解决方法。发现老师们大都是分享的大班幼儿游戏故事。我一直有个困惑，小班幼儿在技能和经验上比较弱，游戏分享时经常忘记自己在游戏中发生的事情，依靠绘画表征又画不出来。除了拍照片、录视频之外，还能如何有效地分享？

衣丽颖：这场研修活动值得反复观看学习。在教研讨论中看到老师的困惑很真实，也是自己的困惑。"相信每一个幼儿都是积极主动的，有能力的学习者。"看了很多案例，我逐渐感受到了孩子学习能力的震撼。比如公交车，小班孩子说出那么多的站名，我真的很佩服，感叹于孩子的能力！恐怕大人也不会对一件事物这么长时间地进行了解和持续探索。还有自主游戏中学到的知识是老师一节课教不了的（声音、空间、感受、高度等）。从中孩子会获得阅读量，语言表达词汇量，经验总结，发现问题和解决问题的能力，表征记录水平提高，而且他们是主动的、愉悦的。我感觉到现在的教育需要老师转变教育观、儿童观，从幼儿跟着教师设置的程序走变为追随孩子的思维和想法进行课程。（教师根据幼儿的讨论进行话语的启发和调动）同时也欣赏老师们的耐心，她们能尊重孩子的个体差异，每一个孩子都是独特的，不一样的，即使是孩子天马行空的想象，也能耐心、日复一日倾听，仿佛走进了孩子的内心世界。听懂，尊重，支持。

张英杰：一天半的时间，听了这么多案例和专家分析，帮助我们重塑和坚定了正确的儿童观、游戏观、教育观。孩子游戏是个永远说不完的话题，对于在游戏中怎样给予孩子真正的支持，是我们最大的挑战。观察是支持，默默关注是支持，倾听是支持，记录是支持，反思我们的教育行为同样也是支持……让我们关注孩子生活，关注师友互动，让每个孩子都参与到游戏中去，让孩子周边生活中的一切事物都成为他们学习的载体！

林人红：在游戏分享中，那些走过场，草草了事；变相说教；视觉单一的分享现象是我们需要迈出去的困境！对老师而言，我们从观念到行为，需要通过学习，不断理解、内化，我们需要让自己"言之有料""言之有法"，充分保证孩子自由的游戏时间，我们要做好记录，让孩子在游戏分享中可以表达自己的思想，引发与同伴间的对话，我们可以拓展孩子的思维，助推孩子的深度学习。教师要保持高度的好奇心，做有温度的倾听者，走进孩子的内心世界，回应孩子的需要，让孩子充分被认可！"儿童发现世界，我们发现儿童"，期待与孩子们共享美好的游戏时光！

张英杰：幼儿的语言表达也是一种分享。

于童：游戏是孩子的工作，是孩子的生命，在孩子游戏时到底是支持还是放手，我又有了新的思考。要从理念开始转变，从眼前发展到长远发展，从游戏发展到孩子发展……同时老师们对孩子的尊重以及耐心，都值得我们学习！

李颖捷：听了这次的分享，我觉得幼儿教师任重而道远，孩子的一言一行、一点一滴，都是教育的契机，游戏时的观察、游戏后的分享，老师应该是观察者、支持者、倾听者、引导者，以孩子为主体，从观念上转变，从行为上支持。我觉得我以后要做的还有很多。

李秦：兴趣点是回忆，矛盾点是辩论，成长点是记录，关键点是对话，很好地解释了在分享中抓不住重点的解决方法。在与孩子相处的过程中要学会共情、支持与倾听，而且倾听不只是耳朵的事情，还有阅读和思考。我们要有耐心地去倾听孩子心里的感受、想法，把话语权交给孩子，我们还要有相应的记录。我们要走进孩子的内心世界，做有耐心、细心的倾听者，要回应孩子的需求，尊重、认可、理解他们的世界。

徐艳：借助于具体的媒介能够帮助小班孩子回忆，引发讲述的兴趣，所以教师在游戏中抓住关键场景、事件、价值点拍照或录像很有必要。

苏琰茹：小班的孩子感兴趣的事物很多，不会只在一个地方玩，往往会忘记自己之前都玩过什么，所以老师的有效提问和过程的拍摄也能帮助孩子回忆，重塑游戏过程，所以做智慧型的教师是多么的重要。

李文波：我们领略了浙江幼教的风采，他们的儿童观、教育观、游戏观、课程观，让我深深折服；创编《西游记》的男孩、公交小达人、数积木墙的孩子们……有效的师幼互动下，幼儿的成长让我震撼，也让我对有效的师幼互动有了不同的认识和理解，对我们教师支持从观念到行为，是一种非常大的突破与挑战，是学习，是吸收，也在不停地反思："儿童发现世界，教师发现儿童""儿童是主动的、有能力的学习者"……这些不仅是理念，更是实践，如何真正做到"儿童在前，教师在后"，需要我们不断学习和提高。

连懿：每当看到优秀老师分享关于孩子游戏后的总结与分享时，都不由得联系到我们班的实际情况，孩子们在游戏中情绪是积极的、高涨的，他们对主题、情节、玩具、角色以及讲评都有发自内心的理解和主张。当你问他们为什么是这样而不是那样时，他们会头头是道地向你诉说一大堆理由，然而在游戏中孩子们也需要老师，他们需要老师成为他们共同游戏的朋友。只有身临其境的教师，才能和孩子真正进行分享。我一定会继续努力，以这些优秀教师为榜样，真正让游戏陪伴孩子快乐成长。

吕姿莹：分享中提到最多的是我们的教育观、儿童观、游戏观的转变。给幼儿话语权，"儿童在前，教师在后"，适时抛开固有的教参、教学挂图等，学会放手和信任幼儿。怎样让幼儿积极主动地表征、表达等也是师幼关系的一种体现，是否"授人以渔"、是否关注到全体、是否一对一倾听等。本次分享给我很大的启发，打破固有思维。对于老师教研时提到的两大问题，我也深有感触，突破也是需要小步迈进的。同时，我也想到我们的2.0园本研修也是一个方向。

臧绍荣：浙江老师的专业性让人佩服。他们对游戏的研究呈现出一种全域性推进的样态，对游戏的研究聚焦在老师的观察、解读与支持幼儿上，聚焦在幼儿园教研的推进支持上。不同视角的专家、教研员、一线教师，每一个人在汇报的时候都闪闪发光。让我看到了他们研究的真实性和专业性，15分钟的汇报，内容精练，有理念、有方法、有策略，是把理念变成一种可视化的呈现，必须高度注意，才能跟上节奏。而孩子们的发展，同样可视、生动、愉悦、持续。教学相长，师幼关系和谐幸福。我们确实要不断树立和重塑正确的儿童观、游戏观和教育观，关注师幼互动。在对比中，发现自身不足，但庆幸园长一直引领我们走在提升游戏的教研支持，提升聚焦观察、分析支持幼儿游戏的路上。对于生活化、园本化、班本化课程的研究，我们也一直在推进。成人发起的教育活动，如何更好地链接幼儿的生活，能像自主游戏一样，更多激发幼儿的兴趣和学习主动性？在新的课程背景下，除了自主游戏，其他游戏形式还应开展吗？应如何开展？活动最后，虞老师依然提出了有挑战的真问题。总之，和90万人一起共赴一场学习之旅，收获满满。

隋新红：这次学习让我对游戏有了更深度的思考，每一位老师对幼儿游戏的创设、指导、支持（倾听、记录、反思、生成）等都充满了智慧。我们要进行"游戏理念的转变"，坚定正确的儿童观、教育观，让幼儿"真"玩游戏（环创理念转变、教师游戏理念转变）。游戏后的回忆式、辩论式、记录式、对话式的分享，"数木块"的活动让每个孩子都在已有经验的基础上有了提高……对老师更是很大的突破和挑战，也是考验教师专业能力的时候，需要我们结合理论在日常实践中去内化，修炼好观察、捕捉、倾听的能力，促进师幼共同成长。

姜欣阳：一天半的学习让我收获满满，不禁让我开始思考自己在幼儿游戏中的引导。幼儿在玩游戏过程中，随时会出现学习新概念与解题方法的时机。这些机会稍纵即逝，除非教师能把握这些机会提出适当的问题、建议或鼓励。教师给予幼儿暗示，帮助解决问题，抛出问题引发幼儿思考，通过这些方法，幼儿所获得的学习比正式教学更持久。

王霞：我还需要学会更加细致地捕捉倾听孩子的能力，师幼共成长。

陆成慧：通过这次的学习我明白了老师要学会放手，还要有目的地、公平地观察孩子。要相信孩子，让孩子自由地尝试。观察孩子，捕捉游戏中的精彩瞬间。当孩子在游戏中出现精彩瞬间时，教师能够及时捕捉，当孩子在游戏中遇到问题时，教师同样需要耐心观察，给予孩子解决问题的空间与时间。支持孩子，为孩子提供适时的帮助。

神克菊：通过线上学习收获了很多，如公交车小达人、好玩的迷宫、挑战滚筒、一对一倾听和实录等，走进孩子的心灵世界。深深被孩子的游戏震撼，更加感受到孩子的表征和表达的重要性，相信每一个孩子都是积极主动、有能力的学习者。作为教师，要学会倾听、尊重、信任、欣赏每个孩子。

杜季蒙：专家团队带来的每一个分享都很深入、聚焦，都是我们急需突破的瓶颈问题。在学习中也找到了自己的不足和差距，社会在发展，教育在发展，我们也要跟随时代不断学习、内化、反思、实践，不断重塑儿童观、游戏观和教育观，提升观察孩子行为、倾听孩子声音、与孩子对话的能力，与孩子共同成长。

谭凯：通过直播的学习，让我不断思考的就是那句——"教育是艺术，不是技术"。我们应该重视孩子游戏后的分享，也应该尝试理解和尊重孩子的游戏，做到共情、支持、倾听。

王婧：一天半的学习，学习很多，反思很多。总结起来包括以下五点：①从自身出发，从与孩子的关系着手，一天半的分享我感触比较深的是语言——老师的语言，老师先做到耐心观察，用心倾听，然后给予孩子肯定与鼓励，所有视频分享中老师与孩子的对话都是肯定的语言，具有启发性的问题。老师既是孩子成长路上的同伴，也是助伴，老师做到了语言上的改变，孩子的语言定会无比精彩。②网络图、鱼骨图方法的运用，更有利于厘清思路，看到变化，促进游戏的进程，我们和孩子都可以学习、借鉴。③教研模式的多样化，教研是老师成长的催化剂，语言的交流能碰撞出很多创意火花，同时教研也能梳理我们的教学过程。④与孩子共学习，提升自己的理论知识储备，想要接住孩子的话，就要求老师的知识面要广，要了解孩子的年龄特点，要了解孩子的已有经验。⑤与孩子交流直观性的展现很重要，平时老师的记录与观察要做到有心、用心、童心，与孩子同角度来交流分享，老师的示弱与适当时机的理论支撑，会给孩子带来自信与新的思考方向。

刘一非：在学习中老师学术的专业性让我折服，课堂上老师能够及时抓住知识的转折点引导学生，又不抢占学生的主体地位。让我印象最深刻的是孩子课堂上出现错误时，老师还是很耐心地等待学生说完，之后反问学生感觉如何，而不是自己下定义；当下面学生着急指正回答问题的学生的错误时，老师告诉他们要学会等待。学生能够耐心听别人的答案还能总结自己的答案，头脑风暴式的课堂气氛真不错。

王志敏：观察什么？是孩子的兴趣吗？是孩子的游戏行为吗？是孩子的发展水平吗？还是方方面面的内容都要有所涉及？不同观察内容的目的与意义又是什么呢？有哪些工具可以支持教师的观察实践？其实，对孩子的任何游戏深入分析都能反映孩子当下的思维水平以及思想动态。但也需要教师具有通过外在游戏看到孩子内在能力的本事。不仅能关注闪光点，也能聚焦常规点，发掘孩子们经验的可提高之处，给予及时的帮助。这次学习了很多新的观察方法，如三通道、四样态、鱼骨图等。但是这些大量的信息我需要时间去消化与内化，有些内容只是听了，离听懂了还有很大差距。希望自己能够再努力勤奋一些，将业务水平提升一个高度。每天问问今天的我是不是比昨天的我进步了一点。感谢益文，也感谢园长妈妈的引领，激发了我的学习欲望。

曹冰：这一天半的学习，让我在孩子的游戏方面有了更深层的了解。作为年轻老师还有很多需要学习的地方，也有很多不足之处。但通过这次学习我明白了如何更好地观察与倾听幼儿，怎样支持幼儿的思与行，收获满满。同时也会通过回放继续加深学习。

谢颖超：孩子是天生的游戏高手，他们会根据不同的游戏场地、不同的游戏材料、不同的人员组合而生发出不同的游戏内容。作为教师，如何引导孩子进行经验分享是提升孩子游戏经验的关键，也是我们常思考的问题。分享中结合案例引导孩子不断再现游戏经验，抓住孩子的兴趣点、疑惑点，做孩子游戏的共情者、支持者、倾听者。放手给孩子、相信孩子，师幼共成长！

孙红蕾：在游戏中作为老师要及时捕捉孩子的兴趣点，追随他们的兴趣提供游戏材料，与孩子共情，以孩子的视角解读孩子们的游戏，重视游戏分享环节对孩子语言发展、经验提升、思维拓展等方面的重要作用。

刘欣怡：通过学习让我懂得了要善于倾听孩子的声音，学会观察孩子，了解孩子，发现孩子的兴趣点，在孩子遇到困难时，要及时引导，提供帮助，发挥教师的主体作用，和孩子共同成长进步。

尹秀霞：学习中我有强烈的感觉就是恨不得把人家老师、专家所说的都一字不落地记下来。节奏很快，干脆每一段都录下来，可以慢慢回看！之前在园长的引领下，听过安吉程老师的讲座，非常佩服安吉游戏的精神，也是从那次知道老师从心里相信孩子，放手让孩子去做的重要性。学习中给我的感悟和收获太多了。让我最有感受的是：①总希望看到高光时刻，孩子不是没有发展，只是没有朝着我们预期的方向发展而已。在这方面我要继续修炼！②在森林旁的幼儿园，老师能够借助得天独厚的条件为幼儿创造学习、游戏的机会。海天园建立在小区内就是得天独厚的条件，以后要多多挖掘更有价值的游戏。③正因为有了一位善于发现和善于倾听的老师，才有了张静远小朋友的《西游记》。反思我们有很多时候没有真正做到尊重幼儿，没有做到真正的倾听。④一对一倾听真的很好，但是我也有疑惑，安吉老师是如何做到的？一段时间内只针对一个孩子？⑤游戏分享考验的是老师的教育智慧，一定要儿童在前，教师在后。

刁雪慧："教育是艺术，不是技术。不要把游戏分享精心设计为预设的集体教学活动。"游戏分享对老师观察孩子游戏、支持推进孩子游戏的随机性、即时性能力要求是很高的。我们可以先从模仿开始，比如，从兴趣点和疑惑点入手，把分享的权利交给孩子，听一听他们的声音……或许，慢慢地，我们会发现他们的价值所在，也会找到师幼都舒服的"游戏分享"。

罗志纯：点数积木的分享，告诉我们：所有的一切都不是一蹴而就的，需要我们生活中点滴的积累，需要老师走进孩子的世界，了解孩子们的想法，在长期的积累中储备教育经验。我们老师需要"会接话"，能接住孩子的话并能及时精准地进行提炼。谢谢园长妈妈为我们提供的珍贵学习机会，我们要做一位走近孩子并走进孩子世界的幼教人。

隋欢欢：我作为一位年轻教师，确实有必要"像婴儿探索世界一般去观察、分析、理解幼儿游戏行为的能力，捕捉游戏中有价值的问题的能力"，在孩子讨论的过程当中，对于真实的情景和问题，相信每个孩子都会有相仿的经历，每个孩子都会有自己的想法，都有自己表达的话语，可能每个孩子的表达方式不一样。孩子的话语机会远大于教师，作为教师的我们需要根据孩子的讨论进行话语调度，摒弃自己高控、让孩子根据预先设计的流程走的习惯，提高自己的专业水平，努力做一位专业的幼儿教师。

阅读分享主题教研

徐艳：各位老师，假期生活开始了，休闲放松的同时别忘了专业提升哦。现将中国学前教育研究会以"儿童游戏质量：开启学前教育新征程"为主题的中国学前教育首届圆桌会议上李季湄教授"中国幼教要去思考育人之魂之道之术的问题"、虞永平教授"户外游戏：冒险、挑战和风险"等14位专家的论坛发言分享给大家，希望老师们认真研读为盼，可以分享读后感。

王婧："培根铸魂，立德树魂，即强调'魂'字"，李季湄教授的这句话说得太好了，解答了我心中的部分疑惑，同时也点亮了我对游戏的新认识。感谢园长妈妈的分享，在我们困惑培养什么人、怎样培养人、为谁培养人的时候，李教授的"育人之魂之道之术"的观点就像一盏明灯，给我们点亮了方向。在带小班这一年的时间里，每一次活动我都在想，我们给孩子传授了哪些生活技能？孩子从中收获了什么？这些收获能给孩子带来什么？收获经验的过程是否符合孩子的年龄特点？是不是用孩子喜欢的方式进行的？我们活动以及班本课程的"魂"在哪里？幼儿园理念为我们搭建了一个非常好的平台，我们在这个平台上做了哪些造福孩子的事情？有反思才有成长，放假了，每次想孩子了我都会打开班级相册，反复看孩子们的活动照片。我想说照片能反映出我们平时发现不了的问题，比如，一个活动的开展是不是以孩子喜闻乐见的方式进行的？孩子是不是主动积极参与到活动中的？这些问题在我们的照片中都会完美体现出来，那么我们活动的"魂"也会有所体现。

王晶：户外活动的魅力就在于冒险和挑战，这句话直击心灵，让我想起园长妈妈说的，幼儿园那么大的土坡都没有孩子上去玩，看着真着急，其实更多的不是孩子不去玩，而是我们老师不敢放手。看来以后真的要多放手让孩子们"野一野"了，学会"以静制动"，从孩子游戏的指导者转变成观察者、支持者，通过环境的创设、材料的提供给孩子以帮助，学会"沉默"也是一种支持！

于娟：游戏对孩子们来说实在太重要了，我们更要重视孩子的户外活动，让孩子尽可能亲近自然，进行户外观察和探索，开展各种户外游戏活动，把活动从园内扩展到园外。带领孩子们一起研究好玩的户外活动，创设更有利于获得新经验的环境，充分满足孩子们冒险的需要，让孩子们感受挑战，在挑战中懂得躲避危险，这样在游戏中我们老师担心的"危险问题"也会随之减少。同时在游戏中孩子们用感官和身体与环境互动，通过游戏，脑部各区域开始联结思考与情感。想要让孩子们真正地游戏，老师就需要真正放手，把游戏还给孩子，我们要做的就是支持——物质上、精神上、动力上的支持，为孩子提供挑战性、创新性和多样性的游戏环境。

张凤：户外游戏活动是孩子们最喜欢的，孩子可以完全释放自己。参加户外游戏活动，可以使孩子情绪愉悦，增强孩子体质，增强孩子的自信心，培养孩子勇敢坚强、不怕困难等意志品质。在活动中，作为老师应该成为孩子们富有童心的游戏伙伴，让孩子们体验新的和谐人际关系。在游戏中，鼓励孩子要有冒险挑战精神，老师要学会"放手"，在此前提下，老师要向孩子说明游戏的规则和有关安全问题，增强孩子自我保护意识，评估可能出现的安全隐患。在愉悦的游戏活动中可以满足幼儿的各种需求，作为新时代的老师，我们应带领孩子走向户外，促进孩子的发展。

唐宏丹：文中提到的好多点都深有感触。比如，户外大区域游戏的时候，老师就会过多地注意到孩子的安全问题，当孩子有危险行为的时候，老师会立马提醒制止，孩子会停止这个游戏活动，打断了孩子。文中指出了冒险是户外活动的魅力，那么如何满足孩子的冒险和挑战？就需要老师适度放手，避免"过度保护"，从孩子的天性出发，理解孩子的内在需要，让孩子感受到挑战，能够积极解决在游戏中遇到的困难和问题。放手游戏并不是放任游戏，老师在孩子进行游戏的时候需要当一个合格的旁观者和记录者，耐心地观察孩子的行为，倾听孩子的声音，能真正地走进孩子的游戏活动中，这时会发现在放手游戏后孩子带给我们不一样的体验感，也会发现孩子有了更高的能力发展水平。游戏也不仅仅是让孩子玩玩就结束了，就像我们平日的区角户外游戏结束后都会和孩子进行一个交流讨论，在教师的引导下孩子对自己的游戏做出思考和分析，让孩子从游戏中也能得到收获，引导幼儿"从做到思"，推动孩子实现从"行动到思维"，真正做到让游戏点亮幼儿的生命。

刘昭君：确实，在和孩子互动的过程中，一些孩子的语言或者行为总是让我有种说不出来的感觉，很多时候我会把这些归为这些孩子可能受家人影响比较大，有这种想法的时候其实多少会有一点无力感。但看了这篇文章，我突然意识到教师的责任和作用其实功不可没，行为源于信念，信念源于价值观，其实最高点无非就是那个"道"。所以老师首先要做到的是提高自己的智慧，这样才能激发与共振出孩子的智慧，"传道授业解惑"，做新时代所需要的"四有"好老师。

王霞：来到我们幼儿园，给我印象最深刻的就是：幼儿园对孩子的育人在树德立魂上十分下功夫。中国传统文化博大精深，传统故事、传统工艺、传统美食、传统服饰、传统节日、传统建筑，数不清的传统文化精华值得播种在孩子的心中。树立中国学前教育文化自信并不是排斥其他文化，而是清醒地认识到其中存在的问题之后树立起我们自己的文化自信，让孩子了解、理解并接纳自己的民族文化，最终目的是让每一个孩子为自己是中国人感到自豪、自信，并为国家尽自己的一分力量。作为幼教人，应该思考的是如何在育人之魂的道路上运用更好更适合孩子的方法，将这些内容刻进孩子的骨子里，沉淀在孩子的心中。

张鲁云：文中端午节，孩子说不想去幼儿园过端午节，因为他不喜欢吃粽子，不喜欢缠彩绳，缠不好就不能出去玩，这点让我很有感触。今年端午节时，我们班给孩子们准备了香包，孩子们可以选自己喜欢的样式、颜色装入艾叶，抽拉收口就可以了。有个孩子选择放弃香包，她说我不想要香包，因为不喜欢艾叶的味道。这说明我们的活动没有真正触动孩子内心的精神世界，导致孩子对端午节香包产生了误解和抵触。那么，香包里除了可以装艾草，还可以装什么呢？通过小组活动和孩子的交流，最终她选择在香包里装入干菊花和一片艾叶。这种案例其实还有很多，但是在益文"润之以爱，育之以慧"和"让孩子过属于孩子的生活，让孩子做自己生活的主人，让教育回归生活"的浸染中，我们也学会倾听孩子的内心与想法，让孩子开心地生活与学习，因为我们也要培养鲜活的具有主观能动性的人，而不是做个提线木偶。不论是室内活动，还是极具冒险与挑战的室外活动，观察、倾听都是可以走近孩子的方式。

当老师读懂了孩子，我们的对话就能产生共鸣，孩子才会愿意信任我们。如何从孩子的天性出发，理解孩子的内在需求，从孩子发展的现实出发，满足孩子冒险和挑战，是教师应该加以认真考虑的问题。

高冰洁：夜深人静，仔细阅读园长妈妈分享的文章，深深感叹我们园的教育方向与专家、学者的观点不谋而合，同时也深深感受到我们幼教人的责任、担子。李季湄教授讲道："中国幼教要去思考育人之魂，育人之道之术的问题"，怎样才能把我们的文化以及想传达给孩子的情愫真正传达到孩子心里。这个事情艰巨且重要。孩子从小成长的环境和接受的教育，对一个人的一生非常重要。在这个阶段得到了良好教育的孩子，在以后的生活中会充满自信和阳光，遇到困难也会冷静地分析，做出正确的选择并坚持不懈。在这个阶段没有接受正确教育的孩子，可能会在以后的生活中走很多弯路。作为新时代的幼教人，老师首先要有情怀，爱祖国、爱家乡、爱生活，我们教出的孩子才能充满正能量，同时要思考怎样才能把这些理念用孩子们能听懂、能理解的方式传递给他们，与此同时，家庭教育也要同步，孩子、家长和幼儿园要产生共鸣，才能达到教育的目标。这些需要我们好好思考，让我们的孩子充满自信、阳光，培养具有家国情怀的人，为实现中华民族伟大复兴贡献自己的一分力量。

贺杰峰：触动孩子内心的精神世界的活动才是有意义的，回想与孩子们一起经历的节日节气和其他活动虽然内容丰富，孩子们身在其中也有许多收获，但还可以更加深入。我们要了解孩子的想法，把知识文化和情感真正传达到孩子心里。没有爱的教育是冰冷的，我们还要更加努力钻研，开展有灵魂的活动。

张蕊蕊：通过阅读各位教授的发言稿，将日常工作中的观察与名家观点结合思考，我有了以下四个方面收获：①要好好钻研规律，了解现今孩子的想法、认识，思考、尝试怎样才能把我们的文化、我们想传达给孩子的情愫真正传达到孩子心里。②加强风险评估意识和能力，平衡挑战性和安全性，寻找一个合适的度。培养孩子意识风险、评估风险的能力。③探索如何实现与物理环境材料的有效互动，加强对于游戏材料的认识。④"孩子在自己的闲逛游荡中，或做着某些白日梦时，有着自己的观察、分析、比较，并非毫无价值"，那么这些价值如何体现才能证明它们的存在呢？我会在日后与孩子的相处中以此为方向进行观察。

　　王昕：特别有收获，在园长妈妈的带领下我们的方向正确且坚定，并且我们在做的就是有温度的教育，同时对我们幼儿教师提出了更高的要求：①了解孩子年龄特征，创设适宜且有教育意义的游戏环境，根据孩子个体差异满足不同层次孩子的发展需求。②在游戏中，在安全的前提下找好站位，耐心观察，认真倾听，做好记录。③解读孩子，能够具备解读幼儿的能力，分析孩子行为背后所蕴含的发展。④发现孩子学习品质，了解孩子"最近发展区"，从而助推孩子游戏的发展。

　　吕姿莹：我们以孩子为视角，一直在思考"培养什么人，怎样培养人，为谁培养人"，我们应站在更广阔的视角，去深入地思考，一定要好好研究幼教的规律，了解现如今孩子的想法和认识，给孩子带来更多爱家庭、爱家乡、爱祖国的情感体验；关于游戏，我们一直在路上，我们老师要耐心地观察孩子的行为，认真地倾听孩子的声音，分析孩子行为所蕴含的发展，学会放手，以孩子为游戏主体，让孩子在游戏中体验"操控混乱，应对未知"，充分感受游戏带来的愉悦情绪；关于质量，我们都在未来学前教育的新征程上，同时给我们提出了幼教追求高质量内涵发展的要求，我们应该立德树魂，做一位有爱、有温暖、有教育情怀的老师，我们需要更高阶站位，更广阔的视野和更深入的思考，尽自己最大努力做好幼教工作。

　　杜季蒙：作为幼儿教师，我们要用睿智的眼睛发现孩子身上的奥秘，不放过孩子成长的点点滴滴，给予孩子足够的空间，让孩子在自由的环境中、在安全快乐的氛围下健康成长。作为幼儿老师，我们要学会"放手"教育，要相信我们的孩子，在思考中寻找方法，促进孩子健康快乐地成长。作为老师，组织户外游戏时，我们要给孩子"自由"，相信他们，但不放任自流。让孩子在玩中寻找规律，用我们的双眼去发现孩子玩的世界，让他们自由探索活动奥秘，学会在"玩"中长知识，在"玩"中学智慧。我们要做到放手不放眼，安全在心中。

　　隋新红：学习了圆桌会议的内容后受到了很多启发。李季湄教授提出的"如果都是冷冰冰的技术人缺乏温暖与人文，是很可怕的"观点触动了我的心灵，我们做的是有温度、有爱的教育，但就像李教授所说，有一些活动并没有触动孩子内心的精神世界，看似热闹，孩子们也有体验，但是不够深，我反思一日活动的每个环节，我们要做有"魂"的活动，育儿重在培根育魂。虞永平教授谈到的游戏中的风险、冒险与挑战也让我产生共鸣，在游戏中我们会害怕孩子发生危险而制止他们进行有挑战性的动作，但是孩子的天性就是喜欢挑战，通过挑战他们可以获得成就感，解锁新技能。老师应该做的就是评估危险性，进行风险预估，排除隐患，提供一个安全的环境，同时放手让孩子去玩。班上有个小姑娘第一次玩滑索有点害怕，她想去尝试但又不敢，老师和小朋友鼓励并辅助她玩了几次后，她不那么紧张了，成功滑下去后她获得了来自同伴和老师的肯定，她也变得自信了。作为引导者，我们也要给予孩子积极的心理暗示，相信孩子的能力，放手游戏，让他们勇于探索与发现。学而思之，思而行之，带着新的认识、新的思考，做好人文情怀的教育，培养有思想的中国娃。

李颖捷：游戏是贯穿幼儿一日生活的最重要环节。在可控的范围内实现游戏效能最大化，在游戏中让孩子感受、体验、成长，适时放手，把游戏还给孩子。有时候不去参与孩子游戏，只静静观察，就会发现"哦，这游戏原来还可以这么玩呀"。在游戏评价环节，孩子们滔滔不绝地讲解自己的游戏时，就会让我感叹孩子们真的有无限可能，在游戏中获得新经验，也逐渐有自主解决问题的能力，更带给老师许多新想法，老师与孩子在游戏中共同成长和进步。

姜美娜：每个孩子都有一个纯真、灿烂的童年。在这段美好的童年里，孩子总是在游戏中快乐地成长。其中，游戏可以让孩子体验角色的不同情感，可以做自己想做的事情，可以不受任何拘束，自由自在地幻想、遨游在游戏的海洋里。不论什么年代，孩子都离不开游戏，游戏在幼儿教育中很重要，老师要让孩子有自己的空间去游戏，与孩子们一起游戏，然后从孩子的角度发现问题并加以引导。

王莹：每一次的分享都值得我们深思！众所周知，游戏是孩子的天性。孩子们在游戏里认识世界、了解世界、开发世界。孩子们每时每刻都在创造自己的游戏方式，只要能够引起孩子兴趣的事物，不需要家长的教育和老师的指导，他们会主动进行活动。从游戏的意义上看，游戏是孩子最正当的行为，玩具是孩子的天使，在玩耍中孩子的创造力、思维能力都能得到培养，坚韧不拔、一心一意、专注的品德与行为习惯也能得到强化。

王立敏：游戏就是孩子的基本活动，幼儿的生活离不开游戏，处处充满游戏，有游戏就有快乐！我们如何让孩子真正地体会到快乐？如何从内而外地透露快乐？正如文中所说：需要我们深入研究，钻研规律，真真正正了解儿童的想法、认识，我们必须思考，如何把我们的文化更好地传达给孩子，真正传达到孩子心里。有爱才会有教育，我们要在物质上尽可能为孩子创造游戏环境，给孩子一个更好的学习游戏环境。在老师的教育上，我们应该提高，学习如何给孩子创造良好的学习条件。游戏就是学习，社会即学校，让幼儿园成为孩子们快乐的游戏场所。

李秦：通过学习，感受颇深，我知道老师和幼儿之间的人际关系建立非常重要。我们要让儿童相信，自己在游戏中得到一种肯定性的、可以去放手去做的、鼓励性的支持，但同时游戏中通过我们的引导与支持，幼儿能一步一步走得更稳，发展得更好。推动游戏材料同幼儿的有效互动，是可以促进幼儿成长的有意义的学习。

林人红：感谢园长妈妈的分享，通过学习，感悟颇多。学前教育新征程，让我们有了更高阶的站位，更深远、更广泛的思考，做温暖而又有情怀的幼教人，必定是我们穷其一生的追求。放手，让游戏点亮孩子们的美好童年。"教师决定了儿童挑战和冒险的可能"，所以，我们幼儿教师一定要关注未来效应和即时效应（潜在效应和显在效应）这对关系。游戏可以让幼儿变得聪明和智慧，让幼儿获得直接经验和知识。即使是同一种游戏材料，不同幼儿也会有不同的玩法，不同的材料又可以发展幼儿思维的发散性。作为幼儿教师，我们要有能够理解游戏、支持儿童发展的能力。我们需要不断尝试，继续努力做得更好。而且也要尝试让家长们参与进来，我们教师需要有说服家长重视游戏精神的能力，在中国应试教育的大环境下，引导我们幼儿园的家长理解并改变观念，真的是值得深思且有待解决的问题。

衣丽颖："教师决定了儿童挑战和冒险的可能，决定了儿童的水平与质量。"这句话让我意识到教师在游戏中会引导的重要性，一次户外活动，我们班的孩子在玩自己搭建的小滑坡，这段时间孩子们的游戏也只是爬上去、滑下来，没有别的游戏活动。可能是出于好奇，有个孩子手里拿着一个轮胎爬了上来，但他接下来也没有什么别的动作，这时园长走过来看到后，把一个小盒子放到坡下不远处，并对孩子加以引导："你是否能用轮胎从坡上滚下来击中地上的物品呢？试试看。"于是，孩子的兴趣被调动起来，开始尝试这类游戏，成功后，孩子体会到了挑战的乐趣，也锻炼了专注力、手眼协调能力等。通过这一次小小的契机，引导孩子来创设新的游戏，感觉很厉害，我觉得这次学到了敏锐的观察与巧妙的引导方法。游戏也需要激发孩子的内部需要，有时我们只是组织孩子进行游戏而并不太关注孩子的兴趣程度，往往达不到很好的效果。其间，教师加以鼓励和引导，让孩子在面对困难时能积极尝试解决，就像户外的大区域游戏时，老师发现的种种问题并思考整改方案一样，的确缺少这方面的关注，这真的是需要我们用心留意和学习的地方。总之，教育过程中孩子与老师共同成长和进步。

王瑞：关于游戏，通过我这一年带班，从中感受到孩子们的成长，从最初的一个人独自玩游戏、摆积木块到本学期末的合作拼搭作品，活动最后我们老师要为孩子们提供自述的机会，他们是特别乐意分享自己的作品的，从中看出孩子们的自信与快乐，老师抓住每个作品的优点进行补充说明，帮助孩子们增长经验。本学期末，我们连续两周在搭建区进行我爱幼儿园的搭建活动，他们放假前最后一次的作品真的触动了我。以前他们搭建的都是较小的作品，最后一次搭建老师给孩子们放开了时间、放开了材料，他们真的非常有想象力，而且最后在描述自己的作品时一个个迫不及待的小表情真的太可爱了。这才是孩子们真正地放开了玩游戏，放开双手，放开大脑，放开搭建空间，和其他小朋友融合在一起，共同游戏，他们一起交流，一起动手，一起欢笑，这一刻的幸福是老师和孩子们共有的。作为一名幼儿教师，我们的感情要比常人更多一些温度，而孩子们就是我们加温的助燃剂。愿我们益文人的努力，不负孩子们对我们的爱。

王健：非常喜欢刘昊教授的分享，既接地气实用性又强。他说："游戏感不等于'亲自下场游戏'，游戏感也可以在对幼儿游戏的观察中产生。游戏感不等于'移情'，而是教师对自己情绪情感的真实代入和表露。比如，孩子喜欢蚯蚓，但如果老师害怕，也大可不必强迫自己表现得喜欢蚯蚓。另外，游戏感也不等于'找寻玩耍的乐趣'，游戏感不是教师的目的，不是为了让自己玩乐起来，它只是途径。"在日常教学中我们就会遇到这样的情况：有一次，我们班的小朋友在二楼平台看见了一只摔死的小鸟，孩子们因为太心疼这只小鸟，就用手把它拿了起来。当时我的反应是："我的天，会不会有细菌，不要用手拿。"我让小朋友去教室拿来卫生纸将小鸟轻轻包起来带到楼下后，再把小鸟埋起来。后来引发了一系列问题："小鸟为什么会掉下来？小鸟是怎么死的？如果给小鸟安个家，要安在哪里？"通过这个埋葬小鸟的过程，生发孩子爱护小动物以及如何保护小动物的课程。

刘一非：我就想啊，跟着园长妈妈学习，读着园长妈妈读过的文字，会不会就成为园长妈妈那样的人呢（窃喜）？我读着读着发现要成为园长妈妈那样的人并不容易，因为这些文字也不是那么好读，一不小心分神了又得再读一遍。就两个字"游戏"，曾经认为最简单的事情原来富含这么多哲学内容，需要有深度和广度。我赞同"游戏活动不是一种轻松的、没有目的的、随心所欲的活动，它不是追求片刻的愉悦"。若要幼儿在游戏中得到提升，便需要老师的研究与指导，这可能是我们终身学习的内容，这也是园内游戏和园外游戏的区别。"游戏活动当中，儿童若处于放松性警觉的状态，是一种高度的专注投入，而不是无所事事、傻淘傻闹。"这就体现了教师准备环境和准备教具教材的重要性。其实幼儿游戏教师并不轻松，若是轻松了，游戏就会偏题。我认为这对我很有指导意义，在今后的工作中争取做到：幼儿游戏一分钟，老师幕后十年功！

张英杰："培养什么人，怎样培养人，为谁培养人"是我们每个人应最先思考的问题。如果我们教育的孩子将来不爱国、不爱家、不爱人，我们的教育就是失败的，所以教孩子怎么做人才是我们要做的最根本的事情。当然，这不是我们幼儿园单方面的事情，需要家长、社会共同参与。河南洪涝灾害牵动着全国人民的心，一方有难，八方支援，社会各界对河南施与援手，让河南人民感受到了冰冷后的温暖，也让我们深深感受到"何其有幸生于华夏"。虽然正值暑假，但也是我们对幼儿进行爱国教育的很好机会。关于游戏我想说：游戏不是漫无目的的放手，跟孩子之间的互动最有意义！我们要了解孩子需求，掌握孩子的"最近发展区"，更好地观察、指导、跟进和提升孩子游戏水平，以便让孩子获得更高的发展！

林露瑜：上午陪孩子上课，与一位小班的孩子妈妈聊了许久。她女儿所在的幼儿园老师对孩子及家长的服务极其周到，用她的话说："每次放学，园长站在幼儿园门口与孩子们说再见，那依依不舍亲切的笑容，恨不得孩子走了之后，再'抓'回来亲一口。"但是她总觉得孩子到了幼儿园之后就被束缚了起来，困在了这个小天地里面，这是一位有思想的家长。我用了一个多小时跟她阐述了我们幼儿园的教育理念，除了润之以爱，还有育之以慧，有自主游戏的自由、探索，老师放手教育背后的智慧，各种生活化活动的丰富多彩。孩子们的收获是广博而扎实的，孩子们的体验是愉悦且富有探索精神的。这时我看到家长的眼里充满了光辉，她是那么向往自己的孩子也可以进入这样的幼儿园。当时我突然想起了徐园长经常教导我们："教育要有情怀，让偏远城区的孩子也可以接受到高质量的学前教育。"我好想让每一个孩子都能接受到放手教育，让孩子在探究中成长，仿佛给他们一个支点，他们就可以撬起整个地球一般。

王健：谢谢园长妈妈分享这么棒的学习内容，在里面学到了很多知识。李教授提到培根铸"魂"、立德树"魂"的观点。"魂"就是情怀，我们的生活化课程无一不体现"魂"的重要性，二十四节气的渗透让孩子爱生活、爱自然；我们近期开展的"传承红色基因，珍惜幸福童年"六一主题活动，孩子们每天都哼唱着"红星闪闪放光彩""没有共产党就没有新中国"……开展主题活动后，孩子会说"共产党很厉害""我们一起搭一个南湖红船吧"……孩子这一系列的表现都体现着"爱国情怀、爱党情怀"，在孩子小小的心灵埋下这样的种子，将来一定会开花结果。

王丛俊：是啊，正如教授们说的："我们处在一个特别的时代，百年未有之大变局，面对培养什么人、怎样培养人、为谁培养人的三连问，我觉得幼教不思考是不行的。"作为一个幼教新兵，随时关注新闻的同时，我也认真思考如何将所感所悟用孩子们可以理解的方式和他们一起分享、一起感动，可以为国家、为社会贡献自己的一分力量。关于育人之魂之道之术的问题，也许我的心得体会还在初期较浅层次，但是我相信随着经验的不断积累和丰富，我会收获更多，也懂得更多。

刁雪慧：感受"放手"。一大型儿童玩水游乐场，一个2岁左右的孩子，在只没脚踝的浅滩走来走去，一会儿走出水区，一会儿又走进来，就这样重复了很久，没有什么复杂的游戏情节，旁边放了很多玩水的工具：游泳圈、小水桶等，孩子却始终没有拿。旁边的父亲就这么一直默默地关注着孩子，以防她走到深水区，却始终没有干预。我看了很久，惊讶这个孩子能重复如此单调的游戏这么长时间，更让我反思：我们作为教育者，是否能如这位父亲般做到"如此放手"？或许就是因为我们是"教育者"，才难以将"放手"做得这么淋漓尽致。我想，这是我们大家都应该反思的事情。

连懿：华爱华教授提到了"放手"，其实在活动、游戏中，我的脑海里也一直有一个概念就是"放手"。实际每次开始还是多少有点担忧，像以前在看到孩子们尝试一些"危险"游戏时，我可能下意识地就直接制止了，确实像教授们所说从未做到真正的放手。在平时看到一些讲座或者游戏视频，我也感受到放手的重要性。要有准备地放手、有推动性地放手、有组织地放手，这几点我也会不断在实践中完善。也正如教授们所说幼儿老师是满满幸福感的职业，虽然我也仅仅是一名年轻老师，但是在孩子们的游戏中，我也在不停地成长，还是那句话——孩子伴我共成长。

王志敏：放手的确是一个值得讨论的话题，怎么放？放多少？放手与不管的度怎么把握？如何忍住不去插手孩子的探索与试误？这些都需要我们在工作中一点点摸索。在集体教学活动中，孩子就像一个个复制品，将孩子做的作品统一发群里给家长看，内容基本都是大同小异的，这真正满足了孩子的选择权吗？有时面对家长，我们也会瞻前顾后，拍什么都不能落下一个孩子，尤其是作品，实在完不成的也要帮帮忙，为了完成去完成，忽略了孩子的感受。真心需要反思再反思。总感觉自己有那么多需要改进的地方，跟着徐园长和这些教育界的前辈，感觉自己有些观念也在悄悄改变。期待遇见更好的自己。

赵萌萌：不难看出，孩子们在游戏里的状态是那样真实、那样自然、那样无拘无束。他们在游戏中释放自己的天性，体验一切的快乐，汲取周围的力量，在成长的道路上仔细而又大胆地探索着。真正做到"放手"，将自由还给孩子，一定会看到孩子的"另一面"。他们比我们想象的更加聪明、勇敢。你会发现，原来他们有如此多天马行空的灵感和想法，有着无穷的创作潜能。在和孩子们相处的时间里，我也会被他们感染，也会变成孩子，与他们一起共享属于他们自己的最单纯的快乐。

赵芮辰：感谢园长妈妈的干货分享。看着老师们的感受，回想起自己还没毕业在幼儿园实习时，每天最喜欢的就是和孩子们一起度过的游戏时间，因为可以放松一下，跟着班里的老教师在一旁坐着看他们玩就行。现在想想当时的自己可真是愚钝且格外"不负责"，而现在时刻提醒自己要把每个孩子都看在眼里，要听到孩子们的对话，要让孩子们在每个活动中都有不同经验的提升。"放手"也是我一直不敢大胆尝试的事，虽然内心也特别想让孩子们放开自己，在草坡上到处打滚，到滑索上探索，如果可以再冲到水池里欢快地打水仗，度过一个幸福快乐有意义的童年……但还是会担心最重要的安全问题。相信在学习了这些干货后，我可以更清楚地知道自己应该怎样看待"放手"，怎样去做，让孩子们能够在更自由自在的安全环境下做真正的自己。

吕河吟：华爱华教授说：放手游戏不等于放任游戏。幼儿只有在完全自主放松的游戏中才是最自然、最真实的。这不禁让我想到咱们周四的户外大区域游戏活动，我感觉那个时候，孩子们都像脱缰的野马，那个情绪高涨放在百米赛跑中肯定是第一个冲刺终点线，那个时候孩子的游戏就是自主放松的游戏了吧。有一次户外大区域游戏活动时，我所在的区域好几个孩子利用绿色垫子搭建了一个大大的结实的长方形，我的视角看起来像个大大的舞台，当时内心无比激动，因为我的这个区域的孩子们经常搭建房子，而且一直执着于将垫子立起来当作房顶。这一次终于不一样了（虽然放手让孩子们游戏，但是内心并没有完全放开），在孩子们游戏了大约10分钟，我看到几个孩子已经陆续坐下聊天，因为距离稍远，听不清说的什么，我终是没忍住走过去问了一下："你们这是搭的什么呀？这么大，好壮观呀！"幼儿说："我们搭的是房子，很大的房子。"我："好壮观的房子呀，还好问了一下你们，不然我以为是个超大舞台呢！"（短暂尴尬了2秒之后，我还是说出了自己的心声）其中一个孩子说："我们这是搭得很大的房子，但是准备开派对，这里边很大，也可以表演节目。"另一个幼儿说："我去拿丝巾来跳舞。谁去拿个锅，做好吃的吧。派对里边应该有很多好吃的。"孩子们的游戏继续进行着。现在想来，不知道我的介入是推动了他们的游戏，还是因为我的话干扰了他们的游戏，到底还是没有做到完全放手。

孙鹏玉：教授们的讲座都能直击心灵，同时也解答了我心中的种种疑惑，最让我感到自豪的是我们益文幼儿园"润之以爱，育之以慧"的理念、倡导游戏化和生活化的课程、"追寻幼儿园里的诗和远方"的情怀等，都与几位教授提出的观点不谋而合。我很庆幸能在如此高度的益文平台发展，也很庆幸能同如此高度的园长妈妈学习，同样也庆幸能与各位姐妹一起努力、共同成长。在文章中，华爱华教授的"放手游戏"让我陷入深深的反思，我们都知道游戏对幼儿意味着什么。但"放手游戏"在日常教育工作中总是让我缩手缩脚。学期末，在园长妈妈的几次提示下，我们带着孩子到草坡玩，很担心孩子会有磕磕碰碰，但看着眼前孩子们自由奔跑、结伴嬉戏的场景，不由自主地加入孩子的游戏中。只是一个简单的草坡，孩子们却玩出了不简单的游戏：看谁爬得快、寻宝记（找小石头）、过家家等。不仅孩子们沉浸在欢乐中，老师也被这份欢乐深深感动。活动中没有老师的游戏设计，也没有老师的组织，孩子们自由自主地游戏，并在游戏中得到发展。

林露瑜："如果我们觉得幼儿是聪明的、能干的，能主动获得经验，且有自己的想法。那么，师幼关系往往会宽松、融洽，教师会不禁欣赏幼儿，甚至愿意给予机会、等待幼儿的发展。"这段话我反复咀嚼了很久，不是文字本身难以理解，而是在一遍遍阅读的同时，回顾自己的教育行为。经过不断的学习、观察、探索。现在的我对孩子的能力是深信不疑的，都会被孩子们惊艳到。在真正的实践中，潜意识中，不经意中还是会忍不住，事后又会后悔没有管住自己。

孙红蕾：安吉游戏倡导教师从指指点点到管住手、管住嘴。怎样管住手、管住嘴，在大户外区域游戏时，常常纠结自己管对了吗？在一次大户外区域游戏时，我在报告厅东面的游戏场地，几个消防员在用万能工匠搭消防车，因材料不够，急需补充，可是架子上方便取用的都被取走了，只剩下最顶层贴墙的一排在等着他们。看到这一幕，我本能地想去帮他们搬运，几番心理斗争后，我默默地收回援手。只见中班大哥哥指挥着队员运来几块饼垫在脚底下，一只脚踩着饼，一只脚踩着架子，手里拿着长棒试着往外够。奈何饼摞得太高，底下的饼依然一动不动，只有最上面的略微移动了一点。队长看着队员们期盼的目光选择继续够最上面的饼，眼看饼要掉下来，我生怕饼滚下来砸到底下的小朋友，想去接住饼，这时只见队长纵身一跃，半个身子爬上架子把饼取了下来。用同样的方式取了几个饼后，再用长棒往外够剩下的饼就很轻松了。这次游戏，我的内心也随着孩子们的游戏进程忽上忽下，生怕自己管多了，抑制孩子们的发展；又怕一不小心管少了，孩子们在游戏中受伤。因此，如何"管对手、管对嘴"是我今后在游戏观察中需要继续探索的。

刘一非：这个从体育活动到建构活动的案例真是惊叹到我了，我边看边想这真是孩子干的事儿吗？这得是大班孩子吧（实际上是中班）！天哪，孩子们的动手能力这么强！我想到之前我们讨论什么课程适合小组活动的问题，最后还请教了园长妈妈。这个案例中就有小组活动，小组活动是在遇到问题经过讨论后自然生成的，我觉得很好。同时也符合园长妈妈当时给我们的分析。所以我想：我们的课程需要用什么样的方式进行并不是单一、固定的，而是灵活、多样的。

王晶：园长妈妈分享的真是满满的干货呀！真是边看边反思，曾经自命不凡地认为，这么多年的幼教工作应该很了解孩子，很会组织活动，但是真正静下心来想一想，其实不然，更多的还是沉浸在老师主导的状态，来到咱们益文幼儿园，我最多的感想就是：真好，孩子们真幸福，这是一所对孩子们到处都充满爱、充满尊重和放手的幼儿园，这才是孩子们最应该来的幼儿园，这才是可以给他们童年留下美好回忆的地方。我的下一步突破重点就是：从指指点点到管住手、管住嘴，陪着孩子们一起好好成长。

吕河吟：凡事都有两面性，幼教工作时间长，确实是针对幼儿平时出现的状况处理起来经验会更丰富一些。不过也的确存在一些陋习，总是"习惯性""忍不住""不经意"地对孩子加以"指导"，孩子游戏时也是考验教师的时候，我们在"闭上嘴、管住手"的同时应该"勤用眼、会思考"，我们就是孩子游戏强有力的后勤保障，为孩子们提供适宜的材料和环境，及时反思，至于游戏，还是还给孩子吧！

张媛：中国幼教新征程的开启，要以"儿童、游戏、质量"为主题，有更高阶的站位、更广阔的视野和更深入的思考。

臧绍荣：暑假里，陆续学习了徐园长推荐的论文、讲座，专家从不同的角度阐述了游戏的价值及高质量开展自主游戏的思考、方向与方法，这对正在探究如何更好地开展自主游戏的益文人来说，无疑是一次非常好的学习机会。专家、园长为我们描绘了一幅幼儿在自主游戏中快乐和谐、蓬勃成长的美好画面，那是我们的星空，是每一个人的心之所向。虽然现实中，常常陷入荆棘与沼泽之中，但星空的美好，为我们指明了方向。在益文这片沃土，有足够的力量支撑我们既仰望星空又脚踏实地地走下去。

张英杰：每个儿童都是天生的学习天才和科学家，我们只有认识、理解、认可他们的游戏图式，才能更好地从儿童的视角出发支持他们，我们一起仰望星空、脚踏实地，感受每个孩子的快乐和幸福！

徐艳：这些教授的讲座既有高度、深度，又接地气，正如一非的感想一看就是入脑入心了。专业书籍或专业文章读起来真的不轻松，所以才有"啃书本"一说。大家的每一条分享我都认真看了，非常好！特别是看到年轻老师敢于表达、勇于表达，真替他们高兴。网上教研，有话则长，无话则短，总之，有收获就好。特别感谢臧老师！感谢她能认真学习园长推荐的每一篇文章、视频；感谢她能这么准确地悟透咱们的教育理念"润之以爱，育之以慧"；感谢她能把自己多年耕耘在幼教这片土地的收获、经验与大家分享；感谢她能敞开心扉和我们说说童年、谈谈理想……希望每位老师都用心读臧老师的文章——《仰望星空，脚踏实地》。

第二篇

教育智慧养成

"教育智慧从何而来"主题教研

徐艳:各位老师,周日写了一篇随笔分享给大家,希望对年轻老师有所启发。

教育智慧从何而来

年轻老师看名师组织活动,常常惊讶:名师说出的话那么恰如其分,同样的问题我怎么就想不到这样回应孩子?名师太有教育智慧了!那么名师的教育智慧从何而来呢?

举一个小例子:操场上,老师带着孩子们排队回教室。空中飞来一架飞机,孩子们兴奋地叫起来:"飞机!飞机!"老师们会有什么样的反应呢?

反应一:尽管孩子们兴奋地大叫,老师却好像既没听到隆隆的飞机声,也没听到孩子们的叫喊声,毫无反应。

反应二:看到孩子们兴奋地又挥手又大喊,乱了队形,严肃地说:"赶紧排好队回班!"

反应三:停下来,一起和孩子们仰头看飞机。会说:"我们跟飞机打个招呼吧!"可能会说:"你好!飞机!"可能还会说:"飞机,你要飞到哪里去呀?"当飞机飞走后,回教室的路上就有了新的话题:"孩子们,你们觉得飞机会飞到哪个城市呢?你坐过飞机吗?⋯⋯"

名师们大概都会这么做。

如果你是孩子,你会喜欢哪一位老师的做法呢?

也许有的老师会说,难道生活中所有的事情我们都要去关注、去分析、去发挥它的教育功能吗?那也太难、太累了吧!其实,如果你愿意随时倾听孩子、追随孩子,那么所做的一切都是自然而然的,不需要刻意去想,但教育就在这自然而然中发生了，教育智慧也就在日常生活中自然而然地生成、一点一滴地积累起来了。

罗马不是一天建成的，教育智慧也不可能凭空而来。归根结底是你想成为怎样的教师，如果你想成为有智慧的教师，那么就从这一点一滴做起吧。

王婧：生活中的一点一滴都蕴含着大智慧，所有的智慧都离不开爱孩子的那颗心，我要努力成为有爱、有智慧的老师。

张蕊蕊：作为一名经验还不多的新教师，最近带班时想的总是"我怎样做孩子会听话，我怎么讲孩子能听我说"。看到徐园长的分享，我反思后意识到，我的做法有些本末倒置了。应该是我先去听孩子怎么说，我先去看孩子在不同情景会怎么做，而不是以我成人的视角为出发点。从现在起时刻督促自己：把孩子装在心里，和孩子一起成长。

张鲁云：孩子需要的是一位能"答疑解惑"、和他们有话题的朋友，而不仅仅是一位老师。

谢颖超：每个孩子都像一本书，走进孩子的心灵，了解他们，发现生活中充满智慧的教育，努力做充满智慧的教师。

孙红蕾：点滴小事，积累智慧，先做孩子的朋友、玩伴，了解孩子的所思所想，再做孩子们的老师。今后，要学会观察，学会分析，学做有思想、有智慧的老师。

罗志纯：每一个孩子都有自己的想法，他们的每一个想法都是助力成长的"小火苗"，我们要给孩子"支架式"的教育，帮助他们成长，即使有一天脱离"支架"，他们也能独立、自由、快乐地成长。

赵芮辰：看到园长分享的小例子后，我深深地检讨了自己，当孩子有了新发现时，我的首先做法是想把他们的思维抓回到自己的这条线上，硬性化地灌输与教育并不是孩子们所喜爱并能全部汲取接受的内容方式。每天做着看似对孩子有用而实际却没多大用的那些表面工作，与其这样，不如在孩子们的心中种下善良、坚强和力量的种子，让孩子充满能量和爱。春夏秋冬，种子长成了参天大树，可以吸收更多的阳光和空气，也就可以抵御可能到来的狂风暴雨，其实这才是我们最想看到的。

尹秀霞：又一次感受到生活中处处是教育。我们有时太过着急，要学会牵着蜗牛去散步，慢慢倾听孩子的心声，细细观察孩子的举动。教育是要有温度的，而温度的传承者就是我们幼教人，我们要用童眼、童心去发现孩子。我们承载着孩子童年的幸福与希望。

于娟：参与孩子们童年的我们，在生活中也是一名大孩子，每当天上有飞机的声音，我会和孩子们一起寻找飞机的身影，一起欢呼。我的世界里有孩子们，孩子们的世界里也有我，最幸福的事就是和他们做朋友，一起成长。

姜美娜：在孩子的发展过程中，老师引导孩子，但却又不能让孩子感到我们的过度参与。老师应当时刻准备着，为孩子们提供他们所需要的帮助，与孩子们一起成长。

林露瑜：生活处处皆教育！飞机的例子，恰好周四带孩子们户外活动时也经历过，当时孩子们指着飞机欢呼雀跃，我没有阻止他们继续进行活动，也加入他们的行列，陪着他们开心。但也是仅此而已，非常遗憾没有在当时进行深度的学习。智慧的教育是一门博大的学问，需要我们不断地探索与发现。

林人红：幼儿教育就是把自己变成孩子，把孩子变成自己，时时刻刻追随着孩子，从孩子们的需求出发，时时刻刻接住孩子们抛给我们的那个球，让每个孩子都能发光、发亮。从孩子们的眼睛里、笑容里，体会教育的真谛。让我们一起做到：眼中有光，心中有爱，在陪伴孩子成长的路上共沐阳光。

隋欢欢：幼儿生活教育是一种综合性的教育，作为教师，首先要正确地认识生活教育，确立幼儿教育生活化的教育理念，然后在幼儿课程中融入生活化的内容，这样才能提高幼儿的学习兴趣，帮助幼儿快乐成长。

张英杰：面对同一件事，不同的老师会有不同的反应，而对于孩子来说就是接受了不同的教育。是熟视无睹，还是积极回应，或是继续引导？这些行为无形中也在影响着我们的孩子成为什么样的人。"教育无小事"，生活的点滴中，我们要做有心人，多学、多思、多想、多做！

连懿：让孩子快乐成长，首先要参与孩子，了解孩子，从孩子的角度出发。自己带班的脚步太过匆忙，按自己的脚印走，却并未发现孩子是否有自己不同的道路。年轻的我更应该俯身了解他们，在他们喜欢的生活中给他们增添色彩，参与他们想要的、想学的、想获得的。

神克菊：教育无处不在，教育智慧无处不在。在园长分享的案例里，我感受到了教育如春风化雨，润物无声。孩子是幸福轻松的，教师也是幸福轻松的。努力做个有思想的幼儿教师，有教育智慧的教师。

刘一非：第一时间反思自身的教育行为，对待幼儿的教育不能急躁，不能浮躁，本着初心，和孩子一起成长。

王健：两种教育方法对孩子的教育结果显然是不同的。平时会遇到很多类似的场景，作为老师要及时发现幼儿感兴趣的事物，并且进行有价值的教育。像我们班轩莱小朋友就总喜欢往厕所跑，一开始，我们会提醒他快出来和小朋友做游戏，但后来发现他对水管特别感兴趣，打开水龙头就蹲下观察下面的水管（样子甚是可爱）。我有一次问他："水去哪里了啊？"他会很开心地告诉我："从管道流走了。"

姜梦：老师在孩子成长中付出什么样的努力，孩子就会呈现出什么样的状态。每个孩子的创造力都是非常强大的，往往砍掉孩子感兴趣的事物是老师不经意间的一个举动，会使孩子失去更好成长的权利。要做到在生活点滴中，时时处处皆教育，并挖掘孩子深度学习的能力。

王雪纯：面对孩子们的兴趣点、问题或者对待事物的反应，我往往因为不知怎样回答而错过教育机会。"站在孩子的角度思考问题"，这句话说起来容易，但是做起来却难。例如，在孩子们看到飞机后，我的反应可能只是停下来跟孩子们一起看飞机，然后整理队伍、返班。不会考虑在看到飞机那一刻孩子们会想到什么，应该抓住怎样的教育契机……反而会因为我自认为的"带回教室"任务，打断孩子们的观察、想象、讨论等。所以我要学习的还有很多，向孩子们学习，思考他们到底在想什么、到底需要什么。

丛铭：幼儿园生活时时处处存在着教育契机，但往往容易视而不见或简单处理，忽视幼儿身上发生的情况所具有的教育价值，《幼儿园教育指导纲要（试行）》要求教师善于发现幼儿感兴趣的事物、游戏和偶发事件中所隐含的教育价值，把握时机，积极引导。如果我们的头脑里建立起了随机教育的观念，善于追随孩子的脚步，捕捉孩子的兴趣点，抓住教育契机并加以利用，那么教育有时就会产生意想不到的效果。亲爱的老师们，向自己的教育行为挑战吧！用智慧去触动孩子们的心灵，让惊喜一路播撒在我们的教育之途，让孩子们的成长路上开满美丽的花朵。

吕河吟：生活中的点滴都蕴含着教育，同一件事情，不同的老师会有不同的反应，造就了不同的教育结果。努力做生活中的有心人，多向同行学习，多向书本学习，多向孩子学习，同孩子一起成长。

李慧：作为幼儿教师，要有符合幼儿年龄特点的现代儿童教育观。《3—6岁儿童学习与发展指南》中提出："要珍视游戏和生活中的独特价值。"蹲下来和孩子一起成长，善于观察、善于发现，才能及时抓住教育时机，让幼儿在快乐中得到成长。

刁雪慧：教育智慧，我想也是儿童观的问题吧，先学着从儿童的视角想问题。记得我家宝宝才6个月的时候，第一次去奶奶家常住。奶奶家有一个很大的鱼缸，里面装了不少大大小小的鱼。第一次看到颜色这么好看的小生物，宝宝异常兴奋。我陪着她一边看大鱼，一边对她说：我们跟大鱼打个招呼吧！我伸出手，边说"你好，大鱼"，边做着打招呼的样子。她也不自觉地拍打着鱼缸。后来，每次回来的第一件事就是去跟大鱼打招呼。再后来，她7个月的时候，就会跟家人打招呼了，这是一种经验的迁移。我想说的是，学着从儿童的视角，用儿童的口吻和方式，做一位有心的老师。

高冰洁：不论是做妈妈还是做老师，我们都应该俯下身来，把自己当作孩子，去倾听孩子的声音，和他们一起成长，让智慧回归教育，做智慧型妈妈和教师。

"彩虹色的花"故事创编

徐艳：《彩虹色的花》是麦克·格雷涅茨写给孩子们的一个关于"慷慨"与"无私"的童话故事。"爱与奉献"是我们每个人都应学习的美德，但对于小孩子来说"帮助别人，快乐自己"也许更能在幼小的心田里播下爱的种子。

2012年，经济合作与发展组织（OECD）发布的《为21世纪培育教师提高学校领导力：来自世界的经验》研究报告提出，21世纪学生必须掌握四个方面的技能，第一个就是思维方式，即创造性、批判性思维、问题解决、决策和学习能力。2016年9月，我国正式发布"中国学生发展核心素养"总体框架，"文化基础"方面的"科学精神"素养具体包括理性思维、批判质疑、勇于探究等基本要点。虽然从字面上看上述研究主要针对学校学生，但《幼儿园教育指导纲要（试行）》提出："幼儿教育是基础教育的有机组成部分，是学校教育制度和终身教育的奠基阶段。"幼儿是未来社会的公民，"核心素养"应当在幼儿时期奠定基础。幼儿教师是对幼儿进行启蒙教育并通过教育行为帮助幼儿获得有益的学习经验，促进其身心全面和谐发展的专业人员，肩负着培养"全面发展的人"的重要使命。很难想象一个不会批判性思维的教师能够在教育实践中注重培养幼儿的批判性思维习惯。但由于多方面的原因，大多数幼儿教师只是习惯被动接受观点，很容易受持论者思路影响，缺乏独立思考和判断能力，习惯于照本宣科，无自己的见解和思想；对教材不做深入思考，对教育行为没有警惕和质疑；对事物缺少具体分析的态度和能力。"学前儿童核心素养对教师能力要求的研究"是我园承担的研究课题，我们就以这个故事为例，抛开原作者思路影响，独立思考和判断，进行一次《彩虹色的花》故事创编活动。

　　徐艳：很高兴收到31个不一样的"彩虹色的花"故事，咱们可以把老师们创编的故事打印成一本故事集，讲给孩子们听，让孩子们也来进行创编，一定会听到来自孩子们的不同的"彩虹色的花"。

"我家小文初长成"主题教研

徐艳：老师们，芮辰把新幼儿园装修好的样子都用镜头记录了下来，我想问大家：这样的小文你喜欢吗？为什么？请在下面接龙，说说你的感想，分享你的心情。

赵芮辰：热爱当下，期待未来。每天来见小文的路上连风都是甜甜的，看着小文一点一点在大家爱的行动里变得截然不同，真的验证了那句"尽管眼下十分艰难，可日后这段经历说不定就会开花结果"。正是有了园长妈妈和仙女姐姐们的悉心打理，我们的小文才迎来了它第一个不一样的春天。

张媛：这样的小文超喜欢！因为小文美好的样子是益文家人们用心描绘出来的。墙墙角角，边边落落，一砖一瓦，一花一草，都在我们的眼里，都在大家的心上。小文像我们的孩子，也像我们的朋友，是一起成长、相互成就的关系。愿未来的日子里，能与小文一同描绘属于我们独一无二的故事，我爱小文！

林人红：看着美丽的小文，我们激动不已。我们陪伴小文一路成长，在这里，我们尽情施展自己的才华，用我们的方式创造着小文的美好，我们用爱去期待、去陪伴。风轻轻，我们可以听见小文的声音。雨轻轻，我们可以看见小文的美丽。一切有爱陪伴的成长，也拥有着无法估量的力量。

神克菊：辛苦啦，益文家人们。因为喜欢，所以选择。游泳圈、甜甜圈、朋友圈、爱的魔力转圈圈。感受到小文一天比一天唯美、丰富、充实。大主人们每天充满了正能量和成就感，在这块福地幸福地工作、快乐地生活。期待小主人们的到来，为小文增添更多的欢声笑语。

罗志纯：教育的初心是一份责任，也是一份情怀。小文的一角一落都蕴含着"时时处处皆教育"的理念，感谢园长妈妈和老师为孩子们准备的一切事物,谢谢芮芮帮我们拍这些美好的照片。看完照片,仿佛已经拉着小可爱们的手到处看看、玩玩、摸摸,一起去发现小文的秘密,期待这一刻快点到米,期待看到孩子们甜甜的笑脸。

林露瑜:美美的小文,又是暖暖的存在,看着小文每天一点一点的变化,心里的激动无法表达。我们亲眼看到小文的成长,没有比这更让人自豪的了。春暖花开又为小文增添了诗情画意的风采,它是孩子们的乐园,也是老师们心灵的寄托。相信像家一样温馨的小文,不仅会陪伴孩子们成长,同时也会是老师们成长的见证。每天手里做着各种环创,心里不止一次地想象,孩子们见到现在的小文会不会开心得蹦跳,会不会悄悄地发出一声声的赞叹,会不会放学不愿离去……迫不及待地想与孩子们分享这美好的小文,想听到欢歌笑语在这里荡漾。加油,益文家人们,让我们共同努力,让小文更加美丽绽放。

孙红蕾:看着小文一天天变得越来越精美,这与所有人的辛苦付出密不可分,感谢所有参与过小文建设的人,让我们能在这样优美的环境中陪伴孩子们度过难忘的童年时光。非常幸运能成为这个大家庭中的一员,同时也非常遗憾没能参加后期的环创工作。盼望着早日回归,与小文一起成长、进步。

张鲁云:"不见其长,日有所长。"从第一天报道开始,就一直在幻想小文以后的样子,日益填充的色彩、脑洞大开的设计、巧手布置的环境,无不展示着小文的风采,每看到一处就会想到我闺女一定会很喜欢这里,还有那里,还有还有……虽然在环创中还有很多需要改进的地方,但是就像在打扮自己的孩子一样,乐此不疲,相信未来的小主人们也定会爱上这里,期待欢声笑语的相聚!

王瑞:看到我们幼儿园崭新的面貌,心中顿时感觉"高大上",这都是在园老师辛勤付出的成果,我相信在这样的幼儿园里生活的孩子们是幸福的,家长是幸福的,作为益文幼儿园的老师,我们更是幸福的,期待早日回到学校,奉献自己的绵薄之力。

吕河吟:站在三楼的窗户边向外看,抬头便是蓝天,肆意想象;低头亦是绿意盎然,欣欣向荣;屋里笑声朗朗,温暖如光,一切都是那么美好。太喜欢这种天马行空的胡思乱想。在这里,教师亦是幼儿,幼儿亦是主人,主人亦是小文。同为大家庭的一分子,共同见证,点滴成长。一路走来,不忘初心,期待未来。

王婧：现在的小文充满了温馨，我特别喜欢，小文的每一个版面，每一间教室都充满着温馨和快乐，每天从连廊走过总会欣赏一下墙上的画，今天没有忍住，轻轻地抚摸，静静欣赏，这种感觉真好！

来到国旗杆下，仿佛全园孩子在唱国歌升国旗，这种感觉真好！

"善思、笃行、守正、创新"，墙上的每个字我每次路过都会读一遍，每一遍都有不同的感受，这种感觉真好！

走过庭院，静静地站在门外想象着孩子们快乐游戏的场景，这种感觉真好！看看班级外面与班级名字相呼应的立体画，总也忍不住想摸摸，想象着孩子们的小手也会好奇地想摸摸，这种感觉真好！我最喜欢教师书吧，这里不但有书，还有舒适的环境，感谢园长妈妈为我们创设这么好的环境，在忙碌中抽出一点时间看会儿书是一种享受，约上三五好友一起谈论一本书是多么惬意，想想都很美！相互欣赏教室环创也成了我们的乐趣之一，取长补短，相互教研，说出自己的建议，不经意地研讨让我们的灵感闪现，在教育理念的引导下，教育方法也在相互交流中不断更新，有这样的老师，"把童年还给孩子"也不会太远，室内室外的各种玩具让我感觉到当我们幼儿园的孩子真好，这是一个充满智慧的乐园，这是一个处处以孩子为主的乐园，环境为孩子而设，课程为孩子而生，一切都是以孩子为出发点，有这样的园长和老师，孩子们也会成为有思想的个体。小文每天都充满着快乐与感动，为孩子们有这么好的环境而感动，为老师们的团结与相互学习而感动，为我们有这样一个幸福的大家庭而感动。

孙盛涛（厨师叔叔）：我眼里的小文就像是一桌家常菜，一桌团圆饭，一桌有着各方特色的满汉全席！看着老师们亲手做着一道道拿手的菜，看着每一位家人脸上洋溢着幸福的笑容，让我不禁想起了这几个月来每位家人忙碌的身影。就让我们紧紧围绕在园长妈妈的身边，紧紧依靠在兄弟姐妹的身边，一起为我们小文美好的明天，干杯！

张蕊蕊：特别喜欢装扮后的小文，被小文惊艳到了。自入园第一天便日日设想小文以后的样子，每天早上上班都像是一场寻宝之旅——寻找小文的新变化，每发现一处心里快活一下。阔别两月之久再来看我们的小文，为它的光彩照人而惊讶，为我们益文人多彩的创意与行动力而鼓掌。相信小文未来的成长之路一定无比精彩，期待美好的明天。

谢颖超：阳光下的小文生机勃勃，看到小文的变化充满欣喜。想象着孩子们洋溢着笑容走进小文，目之所及，一点一滴都倾注了益文家人们的付出与爱。在这里，孩子们自由自在，老师与幼儿共同成长，到处充满了欢声笑语。在这样一个大家庭中感受到了温馨、感动、团结……未来可期！

高冰洁：这样温馨有爱的小文，每一个初见的人都会喜欢。我们期待每天早早来园为其增添色彩，不舍得它脏一点点地方，每天擦完最后一点灰尘才缓缓离开，此时下班时间已过。回到家做饭的时候、睡前躺在床上的时候还会想一想哪些地方还可以更好，第二天来园马上和班里的姐妹们一起讨论一番。小文的点滴成长汇集了许多人的智慧与汗水，喜欢它不仅因为是自家"孩子"小文在成长，我们每个人也在成长、在收获，收获知识、友情、信任等，在这里生活真的很幸福、很满足。相信孩子们也一定会喜欢小文。

张英杰：依稀记得去年上半年，我们和园长妈妈一起在小学借用的办公室里探讨小文未来的样子，那时候的小文只有冰冷的水泥结构框架，只有每天不停忙碌的泥瓦工、水电工。下半年，一群益文人来到这里，从此小文有了温度，有了欢笑。日子从指缝间一点点溜走，小文优美、典雅的样子慢慢浮现在人们眼前。今天的小文"精彩蜕变"了！砖砖瓦瓦、角角落落都浸润了益文人的汗水和心血！"此处无声胜有声"的物质和精神环境一定会让所有人爱上这所有温度、有深度的小文！

徐艳：夜已深，却仍无睡意，一遍遍读大家的文字，仿佛听到了各位的心声，从心里流淌出的话语最能打动人心。忽然有个想法，是否可以做本画册，记录小文的成长，相信有芮辰的摄影，有大家的文字，在感动我们自己的同时会感动更多人。

李慧：感谢饼饼的照片，带我看到了期待已久的小文。翻翻相册，还能看到初识小文时的样子，11本相册，1247张照片，记录着我们"益"起成长的点点滴滴。我们在一起经过了秋冬的寒冷萧索，却暖心，几经打扮，日夜规整，小文终将于春夏开放，迎来热烈。在家的这段时间，每天都关注着小文。都说日久生情，在小文，有着太多的美好，美好的校舍，领导无私的付出，和谐的伙伴们都有着积极的心态，互相鼓励，互相帮助，这些言语已无法尽诉。4月初春，万物复苏，希望开学的好消息也能如期而至。

万鹏：错过了小文从毛坯到简装的过渡，却有幸见证了小文由简装到精装的蜕变，看着它一天天在变化，我就像个孩子一样对这一切感到惊喜和好奇，总是不自觉地惊叹身边都是什么神仙同事。在这个过程中，我慢慢熟悉了身怀绝技、多才多艺的你们，也深深体会到大家的不易，让我对以后的日子更加充满了期待。

于娟：还清楚地记得初见小文时的样子，当打开芮辰拍的这组照片时，我简直惊呆了，现在的小文温馨、舒适、透亮，简直就是一所集绿化、美化、童趣化、自然化、教育化于一身的儿童乐园，它让我们不得不爱，不得不深爱。在我们这个大家庭的陪伴下，我和小文都收获了很多，现在我每天都在盼望着早日归队，盼望着早点见到我们的小宝贝，期待着带着我们的孩子一起享受这幸福时光。

隋新红：刚见时心中便埋下了对小文的期盼。此时的小文与初见时有了很大的变化，变得温馨而美好。当下的经历好宝贵，室内室外到处都留下了益文人忙碌的身影。我们一起在时间海里见证益文的发展。每当一处有新变化时总会迫不及待地相告，感叹其创意，设计得别出心裁，想象生活其中的幸福。期待与伙伴们坐在书吧里，捧一本心爱的书，泡杯咖啡，度过美好、甜蜜的午间时光。班级里一点一滴的变化是老师们用心去做的体现，被老师的善良、热情、专一所打动。喜欢与老师们讨论环境的创设，解锁了很多新技能，也慢慢喜欢上了班级从无到有的过程，学会享受其中，每当下班离开教室时环顾教室，内心喜悦，遐想翩翩——乘着光，载着风，相信未来，携手同行。

刁雪慧：等待了四年，期盼了四年，终于迎来了如今的小文，看着它跟我们大家一起慢慢成长、蜕变，既欣喜又激动。每每走过走廊、班级，都忍不住驻足，看一会儿，再看一会儿，就像看着自己的孩子，脸上不自觉地露出幸福的笑容。

单亚男（保健医生）：我觉得自己很幸运，见证和参与了小文一点一滴的成长与变化。现在的小文从一座普通的钢筋混凝土的房子变成了温馨、清新、有创新的孩子乐园。来看过我们幼儿园的人都会感叹"现在的孩子太幸福了"，正是通过很多人的努力，才让小文越来越美丽。期待我们幼儿园更美好的明天！

王健：能来到益文这个有魔力的大家庭，真的感到很幸福。从园长妈妈到小仙女们再到厨房大哥，每个人都充满了正能量，在这样的环境里真的是每天都干劲十足。无论多辛苦，都觉得很开心，这就是所谓的"累并快乐着"。同时不仅看到小文的大变化，自己也在慢慢地成长，学到了很多东西。接下来的日子里，我会和小文、小仙女们继续努力，让我们这个大家庭变得更美好。

尹秀霞：从开始进入益文就经常在憧憬想象着一切。经常想象以后我和孩子们在滑梯旁玩耍的景象，在教室里舒适悠然的样子，这感觉真的太幸福了！从刚开始的水泥、钢筋、废墟到现在的温馨、漂亮、精致，中间经历了太多的过程，每个穿梭在幼儿园里辛勤工作的领导和老师，还有老师们蹲在地上擦地的情景，想到这些心中就有满满感动，因为这里倾注了太多人的汗水和付出。虽然每天很累，但是我们每个人心里都有目标，都有小文。看着小文一天天的变化自己觉得很骄傲，因为这里也有我的一份尽心付出。

丛铭：好奇"小文"传奇的，请看过来！给大家一些剧透，话说一年前，第一次看到小文，只是小荷才露尖尖角，在绿色的防护网中，隐约可见条条钢筋，耳边传来机器的轰鸣声和叮当作响的敲打声。在蓝色的图纸上初次看到了传说中"小文"的全貌。当时卫生间的门是开在东西两侧方向的，园长执意让设计师把门改到朝向教室方向，因为这样，我们老师既能照看男女卫生间的孩子，也能兼顾教室里的孩子——"不能让我们老师在工作中感到困扰。"盥洗室只有孩子的洗手池，园长要求将其中一个洗手盆加高，改成教师洗碗池，这样就不用总弯着腰洗碗——"不能让我们的老师太劳累！"原设计中没有教师餐厅，"一定要有教师餐厅，"园长坚定地对设计师说，"我们老师很辛苦，不能让我们老师连用餐的地方都没有！"建议在现在的洗碗间改加水电，安装水池和消毒柜，把原来的仓库改为教师餐厅，但主体建成后，发现没有窗户，园长再次调整了职工餐厅的位置，现在透亮宽敞的餐厅，真的来之不易呀！"一定要让我们老师感到舒适！"原来的庭院就是空空的"四合院"，改建水池、沙池、泥池、种植园，"要让幼儿园每处都成为孩子们享受生活的乐园！"这些改变印证了园长对每个益文家人的"润之以爱"！目睹小文的孕育、诞生、蜕变、丰盈、成长的全过程，对"期望"和"感谢"有了深刻的体会。感谢有园长这位智者、仁者的引领；感谢有善思、勤作的益文家人相伴。相信在期望中我们的小文会成长得越来越好。

隋欢欢：看到现在的小文如此"成熟"，我快忘记小文小时候"稚嫩的脸庞"，现在每次经过自己装饰的教室都会忍不住多看几眼，心中有点小窃喜，还有点自豪感。脸上不自觉地露出微笑，偶尔和婧婧在教室里哈哈大笑，希望我们的幼儿园明天会更好！

姜美娜：小文太美啦！每个地方都感到舒适温馨，这么美的小文是大家精心创设出来的，孩子们看到一定会非常喜欢，能在这美好的环境中与益文家人们一起生活成长，真是感到很幸福。小文在成长中，我们也在不断地成长，小文带给了我们无限想象创造的空间，也带动了与家人共同努力积极向上的心。非常幸运与家人在小文相遇，我们与小文的未来一定越来越美好和精彩。

王馨悦：第一次见到小文的时候还是空空如也的教室，现在已经变得温馨漂亮，小文不仅仅是一个教育场所，更是我们的大家庭，每一个角落都是园长和老师们的心血，孩子们可玩、可学、可体验。美丽的小文和春天一起到来啦！

刘一非：最美好的样子便是她长成我们期待的样子；最幸福的事情就是参与了她的成长。总觉得太慢，却突然有一天见其亭亭玉立。爱小文，也在被小文爱着，何其有幸！

徐艳：小文是一所新园，我们看着它成长，充满欣喜；老师是一群新老师，看着你们成长，我更充满期许。

新起点，新期待

——徐艳写给新教师的一封信

老师们好！

首先，再次正式地欢迎大家加入益文幼儿园这个大家庭，从此，我们就是相亲相爱的一家人了！希望大家喜欢咱们的幼儿园，喜欢这里的人和事。

今天，我主要围绕几个关键词来跟大家说说心里话。

缘　分

我们从未谋面，甚至远隔千里，但恰恰你们考取了益文幼儿园，而我们刚好在这里，于是就有了夏末的一场遇见。未来的日子里，我们在一起，比和家人在一起的时间都要多。所以，希望这是一场美丽的遇见，从一开始，彼此之间就在心里种下美好的种子。

融　和

大家来自全省各地，每个人的家庭情况、学习背景、脾气秉性都不相同，能够比较快地融入集体，合上集体的节拍，其实是一种能力。今后，要做到大家心往一处想、劲往一处使，还需要注意几点：一是"弃"。大家要有空杯心态，丢掉过去的一些东西，不管是成绩还是不足。因为这些只代表过去，不能让它成为你的标签。从入职那天起，你们都站在了同一条跑道上，站在了同一条起跑线前。未来怎样？由现在的你决定。二是"扬"。我一直相信这样一句话：尺有所短，寸有所长。每个人一定都有他的优势和特长，而今后的日子里，我也将努力地去发现你们的优点，争取做到当你们自己还没发现的时候，我已经发现了。你们自己呢，一定要大胆、积极地去展示自己，不要害羞、不要胆小、不要吝啬，机会对大家是公平的。希望你们能在擅长的项目上争做领头人，在不擅长的项目上力做积极参与者。不管怎样，都不要做事不关己、高高挂起的旁观者。

态　度

美国作家诺曼·文森特·皮尔在《积极思考的力量》一书中说过"态度决定一切"，我很认同。一个人的能力有强弱，但是态度很重要。态度表现在哪些方面呢？一是对于规章制度的遵守和执行。所谓"没有规矩，不成方圆"，有令必行，有禁必止，希望大家不要挑战规则。二是做事情的态度。不知大家有没有听过"闭环"这个词。"闭环"理论是美国质量管理专家休哈特博士提出的，也就是说，做事情从"计划""行动""检查""总结"要形成一个封闭的环。简单地说，每做一件事情都要对这件事从头到尾负责，做什么事就要尽最大努力做好。三是学习的态度。《幼儿园教师专业标准》里有一条"要具有终身学习的意识和能力"。古人曾说：三日不读书，便觉言语无味，面目可憎。所以，我们要活到老学到老，学理论、学技能、学做人、学做事，希望我们幼儿园成为一个学习型的幼儿园。四是对待职业的态度。我知道，目前有很多老师是为了解决就业的问题选择了做幼儿教师，但是我想说"选择你所爱的，爱你所选择的"。如果你想继续做这份工作，就请爱它，要把它当作事业甚至使命来对待，要有"情怀"。"让每个孩子都能接受高质量的学前教育，让边远城区的孩子和农村孩子能够与城市孩子在同一条跑道上起跑"一直是我的教育情怀，希望它也能成为你们的情怀，成为益文幼儿园的共同情怀。幼儿教师这个工作不容易，工作量大，责任大，压力大，所以更需要我们有强大的精神力量，我们的内心一定是丰盈的，才会在生活的苟且中看到诗和远方。

要做一名什么样的幼儿教师，这是你们每个人应该思考的问题；要办一所怎样的幼儿园，这是我们大家应该思考的问题。何为名园？名园要有名园长，更要有名师。从大家入职那天起，我就按照培养名师的方式来培养大家，也希望每个人都把握好机会，因为机会是给有准备的人的。我认为要做名师，首先要有情怀。其次，要有正确的教育理念。"润之以爱，育之以慧"是益文幼儿园的教育理念，就是用爱心润泽孩子，用智慧教育孩子。我们的教育是"润"的教育，是时时处处皆教育，而这种教育又是"随风潜入夜，润物细无声"的。我们的课程是"一日生活皆课程"，是"让孩子过属于孩子的生活，让孩子做自己生活的主人，让教育回归生活"。我们要从"养德、启智、健体、怡情、尚劳"五个方面为孩子的一生奠基。每一位教师都要将这些理念内化于心、外化于行，都要熟悉、理解，并融入日常教育教学中去。再次，要有思想。李季湄教授说过："要做有思想的教师，办有文化的教育。"幼儿教师一定要把自身的定位定好，不要把自己定位在只是"看"孩子的，要知道自己是教师，是一个文化人。最后，要有专业技能。"坐而论道不如起而行之"，如果只是把自己的理念停留在口头上还不能成为名师，需要有实际的工作技能。我知道也有老师不是教育专业毕业的，但是，关键看大家肯不肯学、愿不愿钻。在咱们幼儿园，英雄不问出处，天高任鸟飞，海阔凭鱼跃。

善　良

最后，我想用一个大家可能都听过的故事作为这封信的结尾。说有一个人购了宅院请风水大师踏勘，将行至后院时，发现有鸟飞起，那人不走了，说后院种着果树，有鸟惊飞必是有小孩子在偷果子，咱们若进去，吓到孩子，从树上掉下来就不好了。风水大师冲那人拱手道："此宅我不必看了，您在之处，都是吉地！"老师们，做一个善良的人，是我对大家的基本要求。希望我们都能将善良深入骨髓，成为最重要的品质——这也是幼儿教师最重要的品质。那么，我们的幼儿园就一定会是一块风水宝地。在这块风水宝地上，每一个人都会成为有福之人。

谢谢大家，祝愿每个人都能成为更好的自己！

"好多树"主题教研

徐艳：周一，每个园区的孩子都会发现幼儿园多了很多树。为什么要栽这些树？这是些什么树？从哪儿来的？怎么来的？怎么栽的？亲爱的老师们，春天的主题里是否因为这些树而有了更多的话题与课程生发点？期待中……

赵芮辰：哇！已经开始脑补这些树枝繁叶茂的时候，我们在树下做游戏的场景了。周五，孩子们起床在盥洗时透过卫生间高高的窗户看到吊车把树吊起来放在路边，我们班的孩子在卫生间里兴奋地尖叫，还有的趴在窗上喊着："好大的树啊！"期待下周孩子们惊喜的模样，也期待和树发生更多有趣的故事。

刁雪慧：我们已经在预设一些课程框架了，只等周一听听孩子们的声音，看看孩子们的兴趣点。

尹秀霞：一直关注我们的教研群，很多时候看完后就陷入了思考。很感谢昨天园长给予我们的提示，今天上午在班级里也和孩子聊了很多，没想到孩子说的让我很是惊喜，很想顺着孩子们的想法日后继续深入实践。真的越是生活中的话题，孩子们听得越仔细，参与得越有兴致。

林人红：我们的教研群，一直是我们汲取营养的乐园，我们会抓住每次的学习机会，总结反思，不断提升自己的专业素养。无论我们身在何处，只要眼中有孩子，那处处都是教育。昨天园长的提示，又给我们提供了教育契机。这几天，幼儿园增添的树木，给了孩子们很多交流的话题，在这个草木萌动的季节，我们在踏春、赏花中探索着、学习着，增加了我们的生活经验。

张鲁云：园长妈妈，您提供的影像，今天也助推了孩子们的思考，核酸检测时孩子们敏锐地发现了三角草地的变化，提出了一系列问题，我们也和孩子们进行了讨论、思考。对于其他问题我们可以猜测，可以网上验证，但是现在有现成的条件,孩子们特别想知道绑在树根的那些绳子,在种树时会怎么处理;他们特别想看看种树的过程,毕竟种这么大的树是孩子们平时看不到的。

连懿:昨天看到园长在群里发的关于种树的新变化,心想着园里春天的氛围越来越浓了,孩子们一定特别欣喜。今天带着孩子们认识了幼儿园的"新伙伴",孩子们都特别喜爱,就像园长说的"给我们增添了许多教育的契机",真是时时处处皆教育。这种每时每刻都发生在班级里的常见小事,能被老师及时抓住教育点,关注孩子们的兴趣,引发孩子们这么多的讨论和思考,这正是我需要反思并提升的地方。

神克菊:今天离园的时候,我们班的鞠然小可爱弯着腰仔细地观察一棵躺在毛毛虫器械边上的大树,还没有栽好。我问她:"你在干吗呀?妈妈来接你了哦。"鞠然:"老师,我在跟小树打招呼呀,它在跟我招手!"通过孩子弯着腰和"新朋友树"打招呼,我在想:孩子们都是小精灵,他们的小脑瓜真是想象力的发生地和聚集地。

徐艳:树根上的绳子解不解,我从来没想过这个问题,不知大家想没想过?这两天各园区种树时可以安排孩子们现场观看。

于童:爱因斯坦说过:兴趣是最好的老师。今天孩子们对幼儿园里多了新的树木展开了讨论,他们很好奇为什么树旁边还有一些木棍,"树旁边的木棍支架是因为树是刚种的,怕倒所以才支撑的""不对,不是只有刚种的树需要,老树也需要,因为老树长大了,很重也会倒"……孩子们讨论得如火如荼。这也正是孩子们的兴趣所在。燕子班的"谁动了我的整理箱"这一件大人眼里的小事情,在孩子看来真是一件大事,他们的好奇心促使他们去找到"真凶"。在这个过程中,燕子班的老师们在尊重孩子兴趣的前提下引导孩子们去解决问题。要向燕子班的老师们学习,善于发现孩子们的兴趣并尊重孩子。

罗志纯:赞同去参观种树,不错过生活中任何一个可以帮助孩子成长的机会……其实孩子们天马行空的想法会带给老师很多教育灵感。比如周五,隔壁小学的挖掘机,我们班的孩子就站着看了很久,观察到挖掘机不用倒车,直接转车头就能继续前进……

吕河吟:今天中午,我跟班里的老师说,咱们这里现在好像仙境一样,开出的花朵粉粉的,很像桃花,站在班级里往外看就有三生三世十里桃花的景象。我拍得不好看,欢迎大家中午的时候去白云班身临其境体验一番,真的是非常美。上午出去做核酸的时候，我们班的小朋友在讨论"大树"和"小树"，幻想了一下小猴子爬树检测的场景。孩子们不知道是什么树，就参照旁边的树，猜测大概会开出粉色的花朵。

李颖捷：今天，我们班的小朋友去后院看新朋友的时候，也在讨论树的旁边支架是干吗用的，这是什么树，树是怎么种进去的。孩子们好像有数不清的问题，也有千奇百怪的回答，我们也正在跟班里老师准备制定关于树的班本课程，收集一些孩子的兴趣点。在益文幼儿园，真的感觉事事时时有教育，促进了我专业的提升和成长，很庆幸能跟孩子们在这里一起成长。

赵芮辰：我们班孩子说："大树虽然长得很大，但是它不在自己的家了，它会想妈妈，所以就要穿着衣服（绿色的布）。架子是为了让它不被大风吹倒。"做完早操后，孩子们就在园里到处找哪里新种了树，一起数了有23棵呢。看了幼儿园新种的树后，又去看了我们班种的樱桃树，值得开心的是樱桃树发芽了。其实我也好期待吃上自己种的樱桃的那一天。

尹秀霞：真美呀！好憧憬海天园温馨的园子成为花海的样子。

赵芮辰：我班窗前也有一棵，往外看的时候，我也是在各种憧憬，不知道若干年后能不能实现在树下荡秋千的愿望。

吕河吟：我拍的角度不好，有一个角度只能看到花，感觉外围还有好多树，真的是花海的感觉。

林人红：我们接下来也得安排，让孩子有机会近距离观看一下种树，想想就觉得很美好。我当时第一次看到树根上的绳子，也觉得是不是应该要剪掉。和工人讨论后，人家说，这些绳子是绑住树根上那团泥土的，是用来保护树根的，等把树固定好，浇灌上水，这些泥和绳子就散了，绳子也会烂到泥土里。

孙鹏玉：今天，我们带孩子一起去看院子里的大树，起初老师的心里也是没底，但当我们走到大树跟前时，老师无须言语，孩子的讨论便开始了："操场上的树和草坡的树是一个品种""这种树很奇怪，一般的树都是先有一个树干，上去再分支，可这些从根上就分开了""刚种的树都需要木棍支撑，因为它们的根被切断，没有抓地力"……瞧！孩子的观察力和知识面都是让我们钦佩的，在这里我想说：当我们面对课程束手无策时，不如坐下来认真地倾听孩子的所思所想。

尹秀霞：多年后小树成大树时，不是不可以的呀！感谢园长妈妈给我们创造了这般诗情画意的工作和生活环境。

苏琰茹：孩子们都有一双发现新事物的眼睛，今天做核酸检测时，刚走下台阶，孩子们就看到了三角草地里新来的大树，那好奇劲儿啊，包括升国旗那里的大树，孩子们还说它为什么躺在这儿，是因为它"死"了吗？还有点伤心难过呢。他们对新来的大树真的是充满了很多好奇之心，我们也将一探究竟！

刁雪慧：生活中有太多的东西值得孩子们去探究。中海园这几天来了一些大家伙，这也成为孩子们讨论的话题。我们需要做的就是响应孩子需要，理顺课程价值点，并给予逻辑梳理，让课程沿着符合孩子的脉络向更深处发展。

王文瑜：今天中午跟孩子散步的时候，一起数了数幼儿园新来的大树，小朋友们看到花坛里的桃树上都开了小花，就问幼儿园里新来的大树会开花吗？如果会开花，那会是什么颜色的花呢？小朋友们还讨论了起来，有很多小朋友说喜欢树上开彩色的花，就像彩虹一样五颜六色的，小朋友们的想法开始变得天马行空起来；还有的小朋友出现了新的疑惑：有没有绿色的花，有没有黑色的花……小朋友们的很多问题都把我问住了。发觉生活中的教育，并抓住教育契机，去探索整合，也给我们教师源源不断地带来成长之力。

"你是有效教师吗"主题教研

王志敏：刚刚看了一个我感觉比较好的内容，忍不住想和大家分享一下——"你是有效教师吗"。

林露瑜：点赞！

臧绍荣：反思型、指导型、有效互动型教师，共勉！

王志敏：感觉工作中还是要多考虑我们是否用对了方式方法，不论是对孩子还是对家长，甚至对领导、同事，经常反思换位思考的话，很多问题就会迎刃而解。大家看了以后可能体会的重点都不同，但是对我的启发却很大。

王晶：做有效的教师，做有心的教师，感谢王老师的分享。

李文波：一边聆听，一边反思，感谢志敏的分享，一同学习，一起成长！

吕河吟：做反思型教师，谢谢王老师的分享。

徐艳：看到小志发起的这个话题，不仅想起了我参加省教学能手比赛时的经历和感触，后来还写了一篇文章发表在2010年6月《幼儿教育》杂志上，在此分享给大家，希望我们都能做个有效老师。

追求活动实效

曾经读到幼教杂志上一则话题讨论《如何看待活动"包装"》：在大班音乐活动"狮王进行曲"中，为了提高幼儿兴趣，鼓励幼儿积极表达，教师精心设置了抢答环节。孩子们非常喜欢这种形式，回答问题很积极，但看得出来，不少幼儿还没弄明白问题就抢答。不少观摩的教师认为幼儿把精力放在了抢答、得分上，唯独缺少对音乐的关注，幼儿表现出的是假兴趣。

近期，我在观摩活动中又看到这样的场景：伴随着教师"回答正确，加10分"的结论，出现的是一张张兴奋得涨红了的小脸、高高举起的"V"形手指以及因兴奋而有些变了调的"耶——"……这让我想起了自己参加省教学能手比赛的经历。

当时,我参赛的活动内容是小班社会活动"高高兴兴上幼儿园"。根据小班上学期幼儿的年龄和认知特点,在设计活动时,我首先否定了使用课件的想法,因为它离孩子们的生活太远。平时,我也是能用实物的就不用图片,能用图片的就不用课件,课件只是在我们无法为孩子们提供更真实、更形象、更生动的教具的情况下才使用。其次,我否定了使用毛绒玩具的想法,虽然毛绒玩具是小班幼儿的最爱,但是故事中小动物高高兴兴的表情是毛绒玩具无法表现的,而这恰好是本次活动的重点。因此,我决定使用背景挂图和活动卡片,这样一方面可以根据故事情节逐一出示小动物角色;另一方面可以让孩子们近距离地观察小动物的表情动作,充分感受小动物高高兴兴上幼儿园的情绪。

接着,我带着还没有涂色的教具进行了第一次试讲。孩子们活动兴趣很浓,他们模仿小兔子笑眯眯的样子,跟着小鸭子、小花猫一起高高兴兴唱着歌去上幼儿园,根本就没注意三个小动物还没涂色。活动结束后,我真诚地请班里的老师谈谈他们的看法和建议,他们觉得教具太普通了,这种传统教具现在很少用。说实话,我自己也是有一点儿担心的,这次毕竟是全省教学能手比赛,我使用这种普通的传统教具,评委会怎样看?观摩的老师会怎样评价?因为曾几何时似乎没有课件不成公开课……可是,这次试讲效果很好,我还是决定采用传统教具。

带着一颗摇摆不定的心,我终于迎来了比赛的日子,活动中,我和孩子们完全融合在一起,他们那么喜爱卡片中的小兔子、小鸭子、小花猫,因为他们脸上都是笑眯眯的,上幼儿园不哭也不闹。孩子们亲亲小鸭子、拉拉小花猫的手、学学小兔子跳……我的心终于放了下来,我知道自己选对了。我面对的是孩子,不是评委,也不是观众;我要的是孩子们真真实实的发展,不是为了让人称赞我多有创意。我的配班老师说了一句话可谓一语中的:在好多观摩活动中,执教者考虑的不是孩子,而是评委和观摩者,但我们的目的是孩子的发展。

可喜的是,我省有一批德高望重的幼教专家,常常呼吁教学活动要注重实效,避免过度包装。我想,之所以最后自己的一颗心那么踏实地沉下来,与专家一贯的倡导是有很大关系的。在这里,我也要说一句:为了孩子,我们要把心沉下来,告别华而不实,追求活动实效。

"故事大王" 主题教研

刘莹莹：大家晚上好！每个月我们都会开展故事大王活动，本学期，作为一名新入职的教师，通过主持策划大班组故事大王的活动，慢慢了解到故事大王活动蕴含的价值。看到中班和大班小朋友们精彩的故事，看到老师们台前幕后的忙碌，我和衣丽颖老师一起制作了本次美篇。回顾开展的故事大王活动，我们可以看到的是孩子一次次真实的进步和在舞台上自信、大方的闪光时刻。这次我们记录了每次故事大王活动的大致流程，以及11月故事大王的精彩时刻，我们与孩子一起在冬日里享受温暖的氛围，希望以后我们的故事大王活动能吸引更多小朋友参与，也希望大家多提宝贵意见，让我们的故事大王活动越办越好。

王霞：不单小朋友们期待故事大王，连老师都期待，期待有什么新造型，有什么新颖有趣的故事，期待每次胜出的班级会是哪个……希望我们的故事会越来越精彩。

臧绍荣：故事大王活动是我们幼儿园的一项常态化活动。每个月都会如期开展，却缺少这种台前幕后的梳理，本次刘莹莹老师和衣丽颖老师利用周末时间合作制作的美篇，让家长看到了故事大王每一个环节蕴含的价值。故事大王活动，不仅对台上的小朋友们来说是一种锻炼，对于台下当观众的小朋友也是一种学习。让孩子学会倾听，学会尊重，学会更有耐心。近期听过很多益文幼儿园爸爸妈妈讲的精彩故事，深受感染。也希望我们能用更多的方式调动孩子们讲故事的积极性，看到更多阳光自信的"故事大王"。

张凤：故事是孩子们认知世界的一扇窗户，是开启智慧之门的一把钥匙。孩子们在故事大王中表现得非常精彩，清晰流利地讲述一个个经典而又富有童趣的故事，小选手们讲得很起劲，老师和小朋友们听得也很入迷，家长们也欣喜不已。看到孩子们的成长，感觉很欣慰。期待下一期的故事大王更精彩，会有更多小朋友积极参与。

衣丽颖：故事是孩子们最喜欢的，它也是我们每个人成长的伙伴，我们的童年因为有了故事而变得多姿多彩。通过故事大王活动，孩子们的表达能力得到了发展，与人沟通的交流能力得以提升，更练就了良好的心理素质，同时小观众们也在轻松、愉悦的氛围中得到引导和启迪，在潜移默化中获得了精神滋养。更重要的是可以让孩子们开心快乐，对未知世界充满好奇。伴着优美的轻音乐，快乐的孩子们，气氛很好，感染了在场的所有人，期待12月的快乐时光。

徐艳：这次杏山园对故事大王活动的梳理，让孩子们的学习、发展看得见，让老师们的智慧、付出看得见，非常好！

张鲁云：从最开始的观众到参与者再到现在的策划者、工作人员，孩子们的成长历历在目，好多孩子从不敢说话到几个月的精心准备只为参加班里的故事大王选拔，成长舞台无限大，园长妈妈的鼓励、老师的支持、孩子们的每一次发声都将是孩子们一生的美好回忆与财富。辛苦莹莹和颖颖为孩子们整理好这份成长历程，相信家长们保存下来的绝不仅仅是我们的活动，更是一份欣喜与见证。期待接下来的所有故事和孩子们更丰富的舞台经验呈现。

林人红：这次故事大王活动的美篇，让我们看到习以为常背后的光芒，让我们感受到故事大王活动蕴含的教育资源和学习机会，还让我们感受到老师们在这个过程中给予孩子的支持，每个环节的梳理，让我们更加珍惜故事大王活动的开展。相信以后的活动，我们定能带给孩子们更大程度的支持。

张英杰：每月一次的故事大王活动，看似短短的一上午时光，背后却隐藏着孩子、老师、家长无数人的付出。正是因为他们的付出，我们才能看到精心布置的会场，井然有序的演出，孩子们的精彩表现，尤其是这个月中班孩子在讲述故事时台下没有老师维持秩序，但却是鸦雀无声，大家都被他们的声音和故事所吸引，老师们也在赞叹孩子们通过故事大王活动进步很大。感谢大班的老师，给我们梳理了故事大王活动过程，让孩子的成长看得见。通过梳理，我们也发现孩子能力的发展不是一蹴而就的，而是日积月累的沉淀。

"开学第一课"主题教研

王健：亲爱的园长、老师们，桃花班开学第一天活动美篇新鲜出炉，欢迎大家围观。这也是我们文文老师的处女秀。开学第一天，大家一定都累坏了吧，但是不是总感觉意犹未尽。

林露瑜："用变秋天为春天的精神，让祖国地更绿、天更蓝。"刚刚在开学第一课中看到这样一句话。我在想我们益文的老师们，不就是在用这种精神，拼尽全力地守护着我们祖国的花朵，引导他们去让祖国的地更绿、天更蓝。从美篇中感受到桃花班老师们的教育智慧，更感受到老师们对孩子满满的爱。向桃花班的老师们学习。

张英杰：今天真的是紧张而又忙碌的一天，老师给孩子们带来了各种惊喜，欢迎孩子们归来，我们也惊喜地看到中、大班的孩子长高了、懂事了，小班的宝宝们也在懵懵懂懂中顺利开启了幼儿园生活。大家今晚好好休息，不知道明天的小可爱会是什么样的。

吕河吟：考虑了各种情形，做足准备，迎接明天！

苏琰茹：不管明天是怎么样的，我们老师都会全力以赴地看护好我们的宝贝，开开心心地来，高高兴兴地走。

徐艳：大家辛苦了！

王婧：这是我们班开学第一周的生活。开学了给孩子举办一个什么样的欢迎仪式呢？我们班两位年轻老师积极出谋划策，大到活动的设计，小到礼物盒的设计，无不做到用心。美篇是由新入职的李中华老师制作、任天琦老师指导，从题目的选择到内容的排版，两位老师反复修改，特别是理念的渗透，老师们边做边研究。虽然展现的是美篇，但是两位老师通过做美篇教研的精神值得鼓励。美篇是视频的解读，视频是美篇的另一种表达方式，感谢领导和老师们提出宝贵的建议。

刁雪慧：孩子的笑容是治愈一切的良药，羡慕你们。

林人红：清晨，看到如此温馨甜蜜的视频和美篇，让我整个人的内心充满阳光。开学日，在一张动车票的指引下，老师和孩子们开启了新学期的旅行。老师们去听孩子们的表达，去看他们手指指向的地方，去陪他们做想做的一切事情……杨柳班的三位老师对孩子们的用心、对班级教研不断探索的精神，都值得我们学习和借鉴！

张英杰：一张车票，引发了孩子们开学是什么的讨论；一场冷餐会，让孩子们畅谈生活；一份小礼物，饱含了老师的爱；一张奖状，增进了家园之间的沟通与理解。杨柳班的老师让开学的日子充满仪式感且有意义，蕴含了老师的爱与智慧，点赞！

臧绍荣：愿给孩子们特别的仪式感，也能够捕捉平凡生活中一朵星星花的美好……开始的方式有很多种，无论是桃花的许愿瓶还是杨柳的升班动车票，还有每个班不同的安排，都饱含了老师们的满满爱意，想要的无非就是孩子们成长快乐那么简单……与小班的"哇"声一片相比，中、大班多了几分岁月静好……每个年龄段有自己的敏感期和成长需求，老师也面临着不同的挑战，让我们一起加油！

徐艳：教研群寂静了一些日子，因为开学周大家太辛苦了，不忍再牺牲老师们的休息时间。杨柳班的美篇、视频重新开启了我们新学期的教研，谢谢杨柳班的三位老师，已充分感受到了你们满满的爱和智慧。在接新小班的工作中你有哪些困惑？哪些妙招？中班的老师有什么新发现、新想法？大班老师如何根据孩子的年龄特点组织游戏和教学？各位，让我们继续畅所欲言，新学期研起来吧！

"如何缓解入园焦虑" 主题教研

赵芮辰：求救。我今年带的是刚入幼儿园的小班小朋友，班里有个小女生平时状态都非常好，但一到中午就开始叨叨"老师，我就是想妈妈了"，紧接着就是号啕大哭，直接影响了几个情绪不太稳定的小朋友。我们四位老师也是尝试了好多办法：转移注意力、给她拿个娃娃抱着玩、讲故事、和她聊在幼儿园有意思的事……但是只是那一瞬间有用，只要一离开，她立马又开始"打雷下雨"了，请老师们为我们出谋划策。

姜梦：我觉得中午可以把这个小女孩单独带出教室到幼儿园转转，孩子在哭的时候，跟她说什么，她都听不进去。把孩子带出去稳定一下情绪，然后跟她聊聊她的想法，这个时候再转移一下孩子的注意力，尽可能地满足她，同时也可以避免她的哭声影响教室里其他孩子的情绪。

隋欢欢：（@赵芮辰）小班初期刚入园，你们的这个孩子已经表现得很棒了，中午你们要是领着她情绪不是也很好嘛。我们班也有这样的孩子，我出去上厕所都要跟着，说明她把咱们当成了她信任的人，我觉得这是好事。你问问这个孩子的妈妈孩子在家午睡的情况，如果作息时间跟幼儿园不一致，可以让她妈妈给她调整一下作息时间，让孩子晚上9点左右睡，早晨6点左右起，中午12点多都能睡一会儿，个别觉少的孩子可以再跟家长沟通（很多孩子有午睡的习惯，时间一般是在1点半和4点之间，需要调整）。孩子上午玩累了，午睡的时候你可以抱抱她，然后让她躺在床上，轻轻地拍拍她，或是握着她的小手，唱着歌都行。这些方法我都用过，感觉效果还不错（还有的孩子需要抱睡，但是放不下，一放在床上就会醒）。

赵芮辰：（@姜梦）你的办法尝试过，但一回到屋里就不行了。

张英杰：芮辰说的这种情况几乎每个班都有，一到吃饭和睡觉的环节孩子哭闹就会严重。虽然我们才开学三天，但小班孩子的状态已经很好了，对于这种情况，我觉得还得老师们在分散她的注意力的同时，要让她发泄出来，接下来就是交给时间，我们不能操之过急。

尹秀霞：从芮辰的表述中可以看出，老师更多使用的是转移注意力等方法。其实每个孩子的性格和气质都不一样，有的孩子是需要得到认可和接纳，嘴上说找妈妈，想妈妈。我们可以尝试跟她进行情感连接和共情。让她知道，我们老师也知道她想妈妈，老师特别理解她，老师可以帮她等。

赵芮辰：我就在想，是不是因为孩子妈妈的问题。这个小朋友家就住在幼儿园后边的高楼里，妈妈是全职带娃，我们一出去干点什么，她妈妈就会拍视频、拍照片在家长的小群里分享。上周带孩子去菜园看哥哥姐姐们种的菜，她一进去就大喊："妈妈我在这儿，你看到我了吗！"各种挥手之类，孩子也和我说妈妈给她看自己玩的视频了。

于娟：我们班也有一个非常有个性的男孩，前两天都是上半天，而且这半天时间他一直都是在哭，一点不停地哭。周五户外我故意逗他玩平衡木，我说你可能不会，我要让这个小朋友教我。结果他说他会，然后做给我看，这是我们第一次除了找妈妈以外话题的交流。我觉得他开始相信我了。中午我说能陪我去吃饭吗，他去了，芮辰还给他葡萄。我发现有了交流后，孩子便开始相信你了。令我没想到的是我们回去后，他竟然愿意让我抱着哄睡。开始没睡着，我便与他妈妈沟通他平时睡觉的习惯，原来他并不习惯抱着睡觉，而是喜欢搂着胳膊睡。于是我说我好累啊，你躺下抱着可以吗，结果很快他就睡着了。

赵芮辰：欢欢姐的办法对我们班其他小朋友特别管用，的确是个很有效的方法。

林露瑜：每次接小班的小朋友都会遇到这样一两个像影子一样，黏着某个老师的孩子，好像一次也没落过呢！就我的经验而言，这样的孩子其实很好带的，她喜欢某位老师就让这位老师暂时先带着就可以了，不要担心她会因此而脱离群体。当她跟着这位喜欢的老师了解了幼儿园，喜欢上幼儿园，最重要的是有了安全感之后，就会自然而然地回归集体了。

尹秀霞：我觉得也可以和妈妈沟通一下呀。

林露瑜：应该是妈妈告诉她，妈妈会在什么什么地方看着她，本意是想让孩子安心，却让孩子有了牵挂。

于娟：（@林露瑜）你说的这个情况我班也有，平时哭都是我们班俊俊老师哄，现在只认俊俊老师，周五下午我想去抱抱他，结果他极力反对。平时我孩子缘还不错，那个瞬间我受挫了。

张鲁云：杨柳班的想法总是别出心裁，虽然不能邀请家长，却把真正的仪式感不仅给了孩子，也赠予了家长。芮辰也不要着急，对于那么小的孩子，入园三天出现这种情况是正常的，就像老师们说的对孩子的引导很重要，对家长的引导也不可或缺，只有家园共育，才能帮助到孩子！

王晶：每个孩子都是独立的个体，他们表达情感的方式都有所不同。中午午睡去小班帮忙时我发现，有的孩子是默默地抹眼泪，而有的孩子是宣泄式地大哭，还有的孩子哭是为了吸引你的注意。我都是先试着小声跟他们聊聊天，先获取信任感，再慢慢地趴在他们身边轻轻地拍打他们入睡，情绪激动的就抱在怀里睡。我一般是选择和抱小婴儿一样的横卧式抱睡，而不是竖着让他们趴在肩上睡，这样可以让孩子更亲近我们，可以给他们更大的安全感。遇到反应特别强烈不想睡觉的，我也没有去逆转，而是顺着他说，我们不睡觉，我们就闭上小眼睛休息一下，想想你最喜欢的玩具，最开心的事情。然后在耳边轻轻地给他们唱支儿歌，讲个故事，慢慢地，孩子们的情绪都能稳定下来。每年的开学季真的是小班老师们最辛苦的时候，但是在咱们益文幼儿园却看不到任何一位老师喊苦喊累，面对孩子们的哭闹，永远都是甜甜的笑脸迎接着，看了真的特别感动。相信孩子们在我们有心有爱有办法的老师们的共同引导下，一定会快速地开启他们快乐的幼儿园生活！

李文波：吃饭和午休是小班新生最容易产生哭闹情绪的时间段。我们班有几个孩子也是，上午特别好，一看到床放下来了，就立刻号啕大哭。针对这种情况，我觉得咱们可以先跟家长沟通了解孩子的午休时间、习惯等，针对孩子的性格和习惯采用不同的策略。这种类型的孩子通常是缺乏安全感的，可以通过温柔坚定的语言稳定他的情绪，通过他喜欢的玩具来吸引注意力，减轻哭闹，观察他的具体表现，一步步把他哄到床上。我班有一个前两天不睡觉哭闹接走的，周五中午就是一步步哄到床上睡着了。这个孩子在家有午休的习惯，所以我们先是安抚他，告诉他一会儿老师忙完了就给妈妈打电话，并且告诉他可以不上床，然后找了很多事情请他帮忙做，后来让他坐在床边等着我，再后来让他哄他自己带来的小狗玩偶睡觉，最后他自己上床睡了。他妈妈还给我打电话说，在家随时待命，很多孩子的适应需要的是时间和对环境、人的熟悉，情感的建立也尤其重要。

林露瑜：（@于娟）哈哈！记得来咱园前接的最后一批小班的孩子，有个小女孩就像影子一样跟着我，吃饭、上厕所、开会我都得带着她，否则就嗷嗷哭。但是当她熟悉了幼儿园之后，慢慢地就移情别恋，更加亲近带她的小组老师了。

于娟：（@林露瑜）所以他以后还会接受我的，是吗？

赵芮辰：谢谢老师们给的非常棒的建议。每天中午我都在和她妈妈沟通，刚来三天的小朋友其实已经很棒了。我也一直纠结该不该和孩子妈妈说说在楼上看她的这个问题，因为我感觉这是家长想给孩子心理上的安全感，但是实际上还是很影响孩子情绪的，也是孩子在给自己的一种暗示。突然间我立马能理解为什么她总是喜欢趴窗户了。（@林露瑜）大林老师，我家这个娃也是只跟着我。

林露瑜：（@于娟）她会接受爱她的每一位老师。（@赵芮辰）让她跟着吧，不久你想让她跟着，人家也不跟了。过几天可以安排几个性格开朗的孩子跟她一起玩一玩。其实，这样的孩子还是比较好带的，最起码还有个老师让她依恋，会安静下来。

王志敏：（@王婧）早上被杨柳班的老师冲击了，真心感受到自己的用心跟特别用心的老师还是有很大差距的。感谢杨柳班老师分享的做法。论用心比不上，但我会学习杨柳班老师好的做法。从模仿开始，相信一切都会慢慢好起来。

王丛俊：（@于娟）娟姐谦虚了，哈哈哈，人格魅力和方式方法都很过硬，双管齐下。不同性格的孩子要用不同的方式来安慰和交流，我想这其中不只有工作经验的不断积累和总结，还有对孩子的爱和对这份工作的用心良苦。

王志敏：作为新入园孩子的妈妈，我可以说，孩子不愿看到吃饭环节是因为在家都是二对一、三对一的吃饭，孩子惧怕自己入睡，是因为在家都是一对一陪睡。这个环节特别能唤起他们的依恋情绪波动。除了老师们的安抚，转移注意力等方法，他们还得需要时间去适应。也许下周孩子就能接受集体生活了。（@赵芮辰）那个黏人的小精灵是分离焦虑导致的缺乏安全感，多说爱她，去哪都带着她，等她安全感得到平衡就不会这么黏人了。

吕河吟：我们班也有一个小姑娘，上午状态特别好，玩起来什么也不想，中午吃饭也不错，就是到午睡的时候能哭一中午。跟孩子妈妈沟通过，有可能是换了新地方。中午我们也尝试过带孩子出去转一转，转移一下注意力，也尝试过抱抱她，聊聊天，送个小礼物。但是效果不佳，开学三天了，也没成功将小姑娘哄睡，而且，周四中午直接影响到好多孩子没睡觉。

赵芮辰：（@王志敏）这个小朋友你懂，就是我怀里的那个。河河咱俩是同款。

吕河吟：也可能是我们太心急了，孩子刚来三天，状态已经很不错了。

周鑫：（@赵芮辰）咱班这个小女孩，没有一天中午不是在你怀里的，我都说你真的是太宠溺她了，给了她太多的爱。

吕河吟：其实看着她哭也怪可怜的，就是那种什么法子都试了，老师还是不放我离开，孩子可能有种无能为力的感觉，情绪就很崩溃。

赵芮辰：我可能也是想得太多了，就担心下周再来另一批孩子会被这个状态影响，今天一睁眼恍惚了，以为是周一，一下子惊醒。

吕姿莹：我觉得入园三天的小朋友们已经很好了，对他们来说接受陌生的环境、老师和小朋友需要一段时间。每个小朋友的个性不同，表现也不一样，时间也会不一样。比如我们班有一个小女生，间歇不断地哭，第一天吐了，中午妈妈接走了。从这个执着劲儿看得出小姑娘比较犟，跟她妈妈沟通发现确实是性格倔强，家里由老人带孩子，想要什么都满足。我们也是试着沟通交流，转移注意力等，一天进步一点，从喂饭到自己吃饭。中午我们老师抱着睡，拍着睡，还不让脱小鞋子，感觉随时待命要走。睡了我们才放到床上，脱下鞋子，下午的情绪就可以稳定下来。过了个周末下周回来孩子们的情绪可能还会反复，但只要我们多一点爱，多一点耐心，即使时间长点，宝贝们会慢慢爱上幼儿园，爱上老师和小朋友。

吕河吟：下周前几天还是要准备好，经过周末，孩子周一早上的情绪也会很崩溃，以为上周三天已经结束了，结果周一又来了。

林露瑜：（@吕河吟）你这总结到位，周一又来了！

臧绍荣：爱哭的孩子有奶吃。那些乖孩子也需要多鼓励，摸一摸、抱一抱，鼓励的眼神赞一下，没准下周一他们之中就会有谁成为新一批哭闹的孩子，情绪也会慢半拍，无限可能，小班老师辛苦了。

林露瑜：需要我们尽管开口，我们都在你们身后。

孙鹏玉：听完了老师们的分享，感受到满满的爱意和老师们的用心。每个班级都为孩子们准备了仪式感满满的升班仪式，让孩子们为自己长大而自豪不已，也让孩子们对自己在幼儿园里有了新的定位：中班的宝贝知道自己不再是最小的弟弟妹妹，从而独立、勇敢起来；大班的宝贝知道自己是幼儿园最大的哥哥姐姐，从而多了一份责任感，他们要照顾弟弟妹妹，为弟弟妹妹树立榜样等。仪式感也让宝贝们快速地从假期家庭生活过渡到幼儿园生活。其实我们老师从假期生活到投入工作也需要过渡。当孩子们开心地拿着"船票"登上"益文号"，再开心地奔跑到老师跟前时，瞬间感觉就进到孩子的世界了。对于大家提到的爱黏人的孩子，其实就是孩子和老师之间建立的一种信任，入园时妈妈把他交到这位老师手中，孩子就会认为这是妈妈信任的，也是我能信任的，这就是我在幼儿园里的"妈妈"。陌生的环境会带给孩子一种不安全感，所以他会时时刻刻跟着信任的老师，但随着他们对幼儿园和其他老师的熟悉与喜爱，就会接受幼儿园的一切。

张凤：周一我们要做好迎接孩子们的准备，孩子们第一次单独来到新的环境里，对人、事、物都很陌生，肯定会极度地缺乏安全感。对于这样的孩子，可以让孩子从家里带一件喜欢的玩偶或父母的照片，心里难过的时候可以抱抱或看看。老师多去抚摸孩子，与孩子拉近距离，让孩子喜欢上老师并信任老师，我们一起加油！

神克菊：杨柳班的孩子，老师和家长们幸福的笑脸凝结着老师们的用心，家长们的配合很好地诠释着"润之以爱，育之以慧"，值得学习借鉴。刚看完大家在教研群各抒己见，我也学到了很多，谢谢大家，小班的老师们辛苦啦。相信孩子们会很快适应，有时候孩子们哭发泄出来，反而有利于适应。相信我们的老师会帮助孩子很快适应，同时还要帮助我们的新生家长适应了解我们的教育理念，积极配合我们的工作。

高冰洁：仪式感满满的升班仪式让孩子们感受到"我长大啦"，班级、幼儿园环境的变化让孩子们充满了期待。老师们准备的贴心礼物给开学第一天带来更多快乐，我们长大啦，不要忘记感恩父母。这一系列活动感受到杨柳班暖暖的开学第一周。小班孩子刚入园，离开了家长一对一的贴心照顾，走出家庭变成了一个"社会人"，不论是哭还是不哭的孩子，都需要一段时间适应。

这段时间对老师、家长、孩子来说都是困难期，家园共育非常重要，老师要了解孩子们的小名、性格、爱好等需要特别注意的事项，家长也要积极配合幼儿园，做好孩子的心理建设工作。例如，告诉孩子为什么要上幼儿园？因为已经长大了。幼儿园有什么？有很多好玩的玩具，可以说几件孩子喜欢的玩具，而且可以交到很多朋友。送孩子时积极地告别，和孩子约定好吃完午餐或者睡醒了就来接她。回到家后也问问孩子幼儿园有什么好玩的，让孩子慢慢喜欢上幼儿园。有的家长自己表现得比孩子还紧张，就会让孩子更抵触上幼儿园。这三天我们小班的老师非常辛苦，中、大班老师也做了小班坚实的后盾，孩子们整体状态已经很好了，下周我们继续加油！

徐艳：小班老师细心、耐心，中、大班老师用心、暖心。三十几个孩子，三十多把心锁，需要老师们至少准备上百把钥匙，相信你们一定能找到那把合适的。老子说：有道无术，术尚可求也；有术无道，止于术。庄子说：以道驭术，术必成；离道之术，术必衰。所有那些行之有效的方法都是建立在爱孩子的基础上，正所谓"亲其师，信其道"。另外，教育家陈鹤琴先生说过："幼稚教育是一种很复杂的事情，不是家庭一方面可以单独胜任的，也不是幼稚园一方面能单独胜任的，必定要两方面共同合作方能得到充分的功效。"所以家园共育很重要，特别是刚入园的小班，幼儿年龄小，表达能力弱，疫情下家长不能或很少到园，导致家长对幼儿园不了解，或者只是一些片段、片面、道听途说的了解，网上那些"长在墙上的家长"图片可能我们也都看到了，所以老师们要对每个孩子的吃喝拉撒睡情况了如指掌，大家可以分组观察记录，也可以用观察记录表或便利贴快速记录下孩子的情况。如下表。

姓名						
早餐						
午餐						
晚餐						
喝水						
如厕						
午睡						

注：1. 能吃完√，基本吃完≠，吃少量·，没吃×。

"新学期的扬帆起航"主题教研

王昕：时间过得很快，开学这段时间海豹班的老师和孩子们是怎样度过的呢？一起来听听我们的小故事，这次美篇是由郑翔宇老师制作，记录和孩子们的点滴生活，望老师多提宝贵意见。

李文波：一张小小的船票，让我们跟随"益文号"开启了新学期的快乐生活、丰富的活动，传递着孩子们的快乐与成长，更感受到了海豹班老师们的用心，和孩子们一起发现生活中的美好，让生活更具仪式感，新学期让我们和孩子们"益"起成长。

刁雪慧：登上"益文号"的小可爱们，人生再次起航，与喜欢的老师、小伙伴一起，探寻、发现，开启快乐之旅。

隋新红：开学后幼儿园里又热闹了起来，老师们提前准备的船票，孩子们亲手设计的小组标志，园里寻找新变化，许愿瓶里的愿望，每一处每一刻都是热闹又美好，时间很多，和孩子一起慢慢过生活。

臧绍荣：细想，每天都是平凡的日常，看似重复的日子，因为细微之处的一点一滴的变化，而增添了成长的味道。变化中的一切，让我们每天都有做不完的事情，也让每天都变得灵动而新鲜！感动于每一位老师的教育故事，也走在自己的故事里……

林人红：开学已两周多了，运用孩子自身成长的能量，来设计小组标志，去帮助照顾弟弟妹妹，寻找幼儿园的变化。喜欢看孩子们自信满满的样子，让孩子们爱上幼儿园、爱上幼儿园生活，是我们一直坚守的目标，陪伴孩子们成长的每一天，我们都是幸福而又美好的！

杜季蒙：幼儿园里的角角落落再次被孩子们的欢声笑语所唤醒，跟着海豹班的美篇回顾这半个月的生活，不禁感叹和孩子们在一起的时光真的是太快了，短短儿天就发生了这么多美好的故事，值日生工作、游戏故事分享、户外区域大循环，见证着点点滴滴的成长。孩子们一边解锁新游戏，一边学习新本领，收获的是快乐和经验的提升；老师们一边观察，一边反思，收获的是惊喜与感动，我们每天过着幸福又充实的小日子，在"益"起，真好。

吕姿莹：感受到了老师们用心记录着从开园以来海豹班孩子们的点点滴滴。海豹班孩子们在此期间有期待、有提升，值得我们学习。

王健：和孩子在一起的每一天都是开心快乐的。胡华园长在教师节问她的老师们：既然幼儿园老师这么辛苦，为什么还要坚持？看了海豹班开学半个月的活动，我觉得大概就是这种快乐让我们深深地爱着这份工作。有时候常常想除了和孩子在一起，我或许真的啥都不会了。

张英杰：无论是登上"益文号"升班的宝宝们，还是刚入园的宝宝们，在这两周多的时间里进步都非常大，这跟我们每个老师的爱心、耐心、用心的付出是分不开的，让我们一如既往，做好"益文人"这件事。

于娟：感动于老师们的用心记录，喜悦于孩子们每天的快乐和充实，益文人，我们一起加油，一起扬帆起航！

徐艳：从海豹班的美篇可以看出这是一个团结的班集体。班长王昕带领、"老"教师小郑带头、新教师小刁紧随。团结出成绩，团结出人才，希望每个班级都能心往一处想，劲往一处使。"各美其美，美美与共"是咱们益文幼儿园的园风，就是要尊重幼儿、教师个体差异，鼓励每个人富有个性地发展，每个人都成为更好的自己。同时又有共同的美好愿景：让幼儿园成为幼儿健康成长的乐园，教职工快乐工作的幸福家园。每个班好，咱们的幼儿园会更好！

"疫情背景下的居家生活指导" 主题教研

杜季蒙:各位老师,这是中班组今天、明天推送的线上教学美篇。我们每天都用美篇的形式推送,围绕省编教材的教学内容,视频前面是与教学内容相关的导语,视频后面是教学内容的延伸,再结合疫情设计的。每天的视频都有统一的片头,就是居家(二)里的,希望大家多提宝贵意见和建议,我们再完善一下,谢谢大家。

徐艳:谢谢杜老师的分享!今天是孩子们居家生活的第二天,大家已经行动起来了。刁主任带领老师们研究指导内容,张主任、林主任录制的视频值得各位学习,随后林主任还将帮大家制作每周的周计划美篇,每个班每个教研组也在忙着研讨。真好!这就是益文幼儿园的样子。"润之以爱,育之以慧",不论何时何地,这些都是最好的诠释。自2020年以来新冠疫情对每个行业、每个人都是一场考验。教育者在这场考验中该有什么样的思与行?是人云亦云还是随波逐流?可喜的是我们做出了自己的回答。疫情初期我在公众号上写了一篇文章《疫情下的思考——人与自然》。随着假期延长消息的发布,大家开玩笑说睡一觉假期变成了一周,再睡一觉假期变成了两周。这是人最容易浮躁的时候,家长们面对家里的"神兽"犯了愁。我又写了第二篇文章《居家防控,教您科学带娃》,并给出了三点建议。当教育部提出"停课不停学"的要求时,网络上出现了形形色色的居家课程,五花八门,一片乱象。我们认为,幼儿的学习是通过生活和游戏完成的,"停课不停学"并不是把家庭变成课堂。于是,我们立即开展云教研,努力探求更专业化的幼儿居家一日生活指导。我们认为,家庭教育中培养孩子健康的生活习惯、营造温馨的家庭氛围、构建良好的亲子关系才是重点。为此,公众号推出了"幼儿居家一日生活指导",共十三期内容,从生活活动、健康活动、学习活动、自由活动等方面,为家长提供科学具体的指导。我们的公众号有一期内容是"有一座城叫武汉",为什么要做这一期呢?因为在当时,所有的电视新闻、报纸、手机上全是关于病毒、疫情的消息,电视上每天都播报武汉新增多少病例,武汉似乎与病毒画上了等号。我们想能够"在绝处中看到希望、在黑暗中发现美好",对于一个人是非常重要的品质,我们应该帮助孩子从小养成这种品质。于是就制作了这期内容。介绍武汉城市之美、美食之美、人文之美。这样的公众号内容在当时应该说几乎没有。视频《皮皮的一天》拍摄的动机是想完整记录在特殊时期有意义的陪伴是个怎样的情形和状态,正好我们园王老师家里有孩子,夫妻俩也擅长视频制作,于是就完成了这个内容,先后被学习强国、高新区政府网采用,受到了广泛好评。我们做的这些很好地回答了疫情下教育工作者、学前教育者该如何做到"每临大事有静气",如何彰显教育对人的发展不可代替的价值。

刁雪慧:有园长妈妈这样的专家为我们做向导,在这样温暖的大家庭中,我们又有什么理由不努力!加油吧,亲爱的同人们。

徐艳:我还要提醒大家注意一点:幼儿阶段有自己的学习特点,我们不要把家庭变成课堂。开始两天的美篇文字可以相对多一点,后续不要太多文字,推送的内容也不要太多,以免让家长觉得看起来、做起来太烦琐而弃之不看不做,反而辜负了老师们的心意。

高冰洁:作为家长的真实感受就是有了记录表,孩子愿意自己洗脸、记着饭前洗手、帮忙拿碗筷,对小林老师和艺艺姐姐的围巾游戏感兴趣,玩完的照片要我赶紧发给老师看看居家的日子,"益"相伴真好!

林露瑜:家长跟我反映,居家的日子"拍下来发给老师看看"成了孩子做事情的动力。虽然有点"求表扬"的小小功利心,但好习惯不就是这么一点一点养成的吗?跟随着园长妈妈的脚步,"润之以爱,育之以慧"是孩子们的幸福,同样也是我们老师的幸福和骄傲!

张英杰:谢谢园长妈妈!我们各自忙碌着,收获着,都是为了更美好的明天。

赵芮辰:今天第一天推送老师们制作的精彩美篇好评满满,我们海葵班今天也尝试了一下"幸运大转盘"活动,通过分享小林主任与艺艺精彩的游戏和海葵班老师制作的律动歌曲,今天海葵班共35位小朋友,有32位与我们分享了他们的居家生活。家长们都说:在家听不到两百遍的妈妈了,取而代之的是满地干活、处处找事做的娃,精彩的游戏也让亲子之间更亲密了。

"疫情居家下的家园互动"主题教研

王健：记得居家前一天园长妈妈说：在这个特殊时期，我们更应该保持家园互动交流、注重家园共育工作！所以我们开展了线上互动活动，和孩子一起聊聊自己居家的那些开心事。看到孩子天真烂漫的样子感到无比幸福，期待着能早点回到幼儿园拥抱我的小桃花们。为了给孩子们的成长留下痕迹，我们制作了一个视频，将来可以和孩子们一起回忆居家的那些事儿，视频做得不好的地方，希望大家批评指正。

林露瑜：看着小桃花们灿烂的笑脸，讲一讲自己喜欢做的事情，感觉到孩子们真心地喜爱自己的老师，喜欢朝夕相处的小伙伴，期盼着回归！夏天来了，回归的脚步近了，真好！

吕河吟：好温馨呀，看到了孩子们在线上跟自己的老师和小伙伴相遇后的兴奋、激动，还有说不完、道不尽的话语。我们也定在7日跟班级小朋友来一场线上约会，我们可以借鉴桃花班的点名环节哦。

林人红：特殊时期的家园互动，尤为暖人心！线上的视频互动，见个面、说说话，孩子们那一张张笑脸，让我们又一次感受到作为老师的幸福，家长工作重在细节啊，特殊时光，有爱相伴，可以更好地拉近彼此之间的距离。为用心的桃花班老师们点赞。

张英杰：疫情没有拉开孩子和老师之间的距离，反而多了许多思念，在这特殊的日子里，有爱我们的老师的陪伴，孩子们一定会度过这段特殊而美好的时光。

刘一非：这么好的师生氛围，带动着孩子们愉快分享日常，大家各抒己见的时候那么自信。为能自律地守在屏幕前和师生互动的小朋友点赞。

徐艳：看到老师和孩子们分外亲切，相信不久我们就会再相见，而每一次相见都会发现"你"的好。

"神舟十二号顺利返回"主题教研

李秦：各位同学，今天，神舟十二号载人飞行任务圆满完成，多么激动人心的时刻！借此机会，我们也向孩子们讲述了"宇航员叔叔回家啦"这一消息，孩子们虽然对太空懵懵懂懂，却也无比好奇。

"宇航员叔叔是从哪回来的呀""他们为什么不坐飞机回来呢""我奶奶家有车，可以接他们回来""他们有小蛋糕吃吗""他们肯定不吃蛋糕，太甜了""得吃新鲜蔬菜，才能上太空"……瞧，这就是我们的孩子们，童言童语，童真童趣。虽然他们现在并不理解什么是载人飞行任务，也不理解什么是惯性滑行，更不明白什么是轨返分离、推返分离，但创新型科技人才需要从娃娃开始培养。相信此刻我们给宝贝心中种下的一粒小小种子，今后定能结出丰硕的果实。

张英杰：今天还想在群里提醒大家，神舟十二号顺利返回的消息，明天可以跟孩子们聊一聊，没想到今天咱们老师就已经开展了活动。

罗志纯：今天下午我们带领孩子们观看三名宇航员在太空上最后一次汇报任务的视频，视频最后宇航员们敬礼，我们班李梓昊也站起来敬礼！为什么要敬礼呢？什么样的人会敬礼？孩子们说"他也会敬礼""军人要敬礼"。问：你们知道这三个人是谁吗？他们在哪里呢？

我们简单地和孩子们介绍神舟十二号并通知家长回家与孩子一起收集神舟十二号的小知识，观看宇航员成功着陆的视频（可以用画下来的方式记录），明天进行分享。

王健：真的是童真童趣小班vs中班，果然从孩子的回答看出孩子的年龄。我们班孩子的问题有"太空好不好玩""从太空上看地球是什么样子的""火星离地球有多远""宇航员叔叔戴着头盔难不难受"等问题。好奇宝宝们被宇航员叔叔返回地球的视频深深吸引,正好快要过"团圆节"了,我们一边吃着月饼,一边看着直播,孩子们别提多开心了。

王晶:谢谢提醒分享。今天一天的中秋节活动太充实了,没来得及开展神舟十二号顺利返回的活动,今晚好好做足功课,明天给孩子们安排上!

尹秀霞:真是太激动人心了。同时也很惭愧,明天也要把这个消息在班级中讲一下。

王健:宇航员叔叔也赶在中秋节之前回来和家人团聚了,真好!

林露瑜:我们的神老师也关注到新闻并及时在我们的工作群里分享。可惜下午的活动安排得太满,只是跟孩子们简单地提了提,明天跟孩子一起好好地为航天英雄们点赞。

赵芮辰:今天一早看到新闻立马分享到了班级群里,宇航员叔叔们上太空还是在海鸥班和孩子们一起观看的直播。今天叔叔们回来的时间刚好我们都在午睡,明天一定得和海葵班的孩子们再次共同观看,感受祖国的伟大。

王健:这个视频很好,从太空到地面剪辑得很完整,分享给大家。

赵芮辰:哇!太震撼了。

王晶:确实震撼!再一次感受到了科技的进步,祖国的强大!

张鲁云:我们班一直在关注直播,结果直播时间正好是孩子们午睡的时候,好在孩子们起床时赶上了一点,一边吃着水果,一边梳头,一边看直播。结束后孩子们特别开心地说宇航员叔叔们平安归来;感谢宇航员叔叔的探险,让我们看到不一样的外太空。因为前期我们了解了在太空失重状态下宇航员的肌肉和骨骼会受到影响,所以看到出仓后坐在轮椅上接受采访的三位宇航员时,他们也说特别感动。尤其聂海胜叔叔是第二次登上太空,对于身体也是一种挑战!同时通过观看直播,孩子们对太空服也特别感兴趣,为什么在太空舱内和仓外他们要穿不一样的衣服?经过了解,孩子们进一步感受到祖国的强大,并树立了自己的小小理想:长大也想当宇航员!

神克菊:风声、雨声、读书声,声声入耳;家事、国事、天下事,事事关心。太空的世界充满了神奇,确实很震撼。和孩子们一起感受我们祖国的强大,好幸福,希望孩子们从小就拥有一个美好的航天梦。

林人红:神舟十二号载人飞船从发射成功到顺利返航,幼儿园的孩子们一定不能错过,我们一起观看,一起感受祖国的伟大,让孩子们在活动中对航天梦有深深的憧憬，希望悄悄种下孩子们想要成为航天人的梦想种子！

高冰洁：恰逢中秋节神舟十二号返航，通过老师的讲述，小班小朋友对太空多了一份认知：原来遥远的太空不仅有嫦娥、月兔，还有厉害的宇航员叔叔。中、大班孩子关注的点更深入，让孩子们亲眼见证伟大时刻，厚植爱国情怀，梦想的种子已经种到孩子们心中。

姜梦：从三个月前神舟十二号发射起，臧老师就带领小荷班的孩子们倒计时神舟十二号返航的时间。这学期开始还有孩子惦记着，问老师宇航员什么时候回来，是不是快回来了？而上学期的展板我们没有拆，一直放在那里，有时候孩子会去看一看。今天终于迎来了宇航员返航的日子，孩子们在观看了直播后都很兴奋，激动地拍手鼓掌。同时在看到宇航员坐在轮椅上时，问道："老师，为什么宇航员坐在轮椅上？"感觉我们孩子这学期都会思考，也都有了自己的想法，孩子们正在与周围的世界建立初步的联系。

臧绍荣：三个月的等待，孩子们从第一天开始，和老师一起在日历上记录，度过了暑假，又过了两周多，三个月，九十天。过了这么久，孩子们一直在关注新闻，经常会问宇航员什么时候回来？昨天知道宇航员今天回来，孩子们既开心又好奇。老师也是好奇，和孩子一起学习，一起分享，一起见证伟大时刻！看到宇航员安全到家，孩子们掌声响起来。有的孩子问，宇航员叔叔受伤了吗？为什么要坐轮椅？他们会马上回家吗？我好想抱抱他们，他们真帅。更广阔的世界展现在我们面前，相信会有更多来自太空的故事，更多成长的故事。

徐艳：益文幼儿园所在之地是一个城乡接合部，但我们教育的视野却不囿于弹丸之地，我们仰望星空，具有家国情怀，这就是教育该有的力量。老师们，给你们点赞！还有个活动也必须给大家点赞：三八妇女节前夕，每个幼儿园都会开展一些活动，通常是让孩子们了解周围生活中都有谁过这个节日，基本上也就是家里的妈妈、奶奶、姥姥等女性亲属和幼儿园的女老师；再让孩子们说说妈妈（奶奶、姥姥）在家洗衣、做饭多么辛苦；最后引导孩子为妈妈制作礼物、说甜甜话表示感谢。虽然这些活动都很有意义，通过活动让孩子们体会到妈妈的辛苦和付出进而增进与妈妈的感情也都很有必要，但是，难道女性的角色定位只能在家庭里吗？难道女性的贡献只是为家庭忙碌付出吗？最后经过研讨，我们在原来的活动基础上，给孩子们发放调查表，包括"你知道什么工作岗位有女性""你知道她们有什么本领""你最佩服的女性是谁""你想对她们说什么"等内容。让孩子和爸爸妈妈一起记录并带回幼儿园交流分享。通过这个活动,孩子们了解到几乎各行各业都有女性的身影,特别是女航天员、女舰长,让孩子们觉得她们真了不起。有些女孩说:我长大了也要当科学家、航天员。诚然,工作不分高低贵贱,奉献家庭也是理所当然,但我们要为孩子打开一扇窗,要让他们知道未来有无限可能。我园这次三八妇女节活动也因此受到了很多家长的赞许。这里也给大家提个要求:作为教师,我们自己一定要有大格局、大视野。

"幼儿搭建游戏" 主题教研

王晶：大家好，一个小小的视频记录一下海象班小朋友们的搭建进程。没有华丽的语言和炫彩的特效，只是单纯地记录着孩子们点点滴滴的进步，虽然我们的搭建还有很多不足，但是还是想把孩子们的这份成长和进步跟大家分享，希望大家多提宝贵意见呀。

刁雪慧：幼儿游戏水平的提高离不开老师的关注和支持，这期间老师肯定费了不少工夫。晶，可以跟大家分享你的经验。

于娟：还记得半日观摩王晶老师班的时候，就惊喜地发现建构区的孩子好有序、好投入。我拍了一些照片和视频给海贝班的小朋友分享，海象班的哥哥姐姐就成了我们的榜样。

王晶：其实我感觉最多的经验就是用心陪伴，用心感受，用心地记录和观察孩子们每一次搭建活动的兴趣点与能力点，然后和孩子们一起探讨研究。现在我们班已经有很多搭建小老师，分享环节基本都是由这些小老师来和小朋友们一起聊的。我们都是在家闭门造车，需要提升和进步的地方还有很多，所以，这不是要勇敢地把我们的小作品发在群里和优秀的老师们一起探讨、学习一下吗？

徐艳：谢谢王晶老师的分享，寒假里我曾要求大家阅读游戏方面的书籍，大家也可借此分享一下自己的阅读收获。

尹秀霞：孩子们一点一滴的成长都离不开老师们有一双善于发现的眼睛。之前我们班级里一起讨论过关于冬奥会的话题，孩子们很感兴趣。但是，当引导到也可以在搭建区搭建关于冬奥会的有关建筑时，发现孩子们好像不太感兴趣，并没有孩子去尝试，反而继续投入他们之前搭建的"恐龙园"。我还一直在想是老师引导的问题，还是我们提供的材料图片太有难度，也希望借此能够跟王晶以及各位老师取取经。

王晶：谢谢园长妈妈和老师们的鼓励，在我们班的搭建活动中，园长妈妈也给过我们一个很好的建议。我们在进行主题活动"小动物家的搭建"时，孩子们虽然搭建得很好，但是总感觉缺点什么。园长妈妈及时地给我们点出来，可以给孩子们增加一些动物的玩偶放进去。果然，我们及时调整后，孩子们在搭建时不仅有了主题，还能进行创造性的情景表演，现在我们的建构区越来越受到孩子们的喜欢。我们也会根据孩子们的兴趣点及时填充和调整，给孩子们以更多元化的体验和操作！学习永不止步，让我们一起加油！

林露瑜：半日活动中，我一直在王晶老师班，惊叹于孩子们高水平的搭建技能，更让我折服的是孩子们秩序井然，搭建中用到的材料很多，却没有扔满地的现象。孩子们游戏结束离开建构区前都是把自己用的材料放回原位。甚至其他班级的幼儿也被同化，在区域中井然有序。真的让我很震动，整个建构区游戏根本没有杂乱的时候。回来后我们也马上分享总结，作为榜样，把视频图片放给孩子们学习，分析原因。学习真的永不止步啊！

杜季蒙：简短真实的视频，让我看到了孩子们对建构游戏材料的选择和使用，对建构兴趣的专注时间和程度，看到了孩子们建构作品的内容及变化，在游戏中与同伴的交往和合作，以及建构作品的进程和完整性。这一切都离不开老师们的观察与支持，助推孩子们的游戏向更高水平发展。海象班的搭建是有目共睹的，也是我们学习的榜样，感谢分享。

王晶：谢谢林老师在半日活动中给我们班级提出的中肯性意见，我们也及时进行了分析和整改，下次有时间欢迎继续来批评指正。

林人红：搭建区里面的积木，材料丰富，孩子的玩法各不相同，孩子们都很喜欢，因为在这里他们可以根据自己的喜好随意选择。同样，我们也经常看到搭建区里乱作一团的积木、纸杯、雪花片。但是，今天我们从视频中看到孩子们搭建的常规、秩序感真的很棒。孩子成长的背后，我们老师肯定付出了很多，才让我们看到这么有秩序、这么有想象力的尽情搭建，真是一点一滴皆用心，一区一角皆教育啊！

王晶：再次感谢老师们的鼓励，我们会继续努力，做好孩子游戏的倾听者、观察者、支持者和陪伴者。用心去感受和记录他们的点点滴滴，将我园"润之以爱，育之以慧"的教育理念落实到一日生活的各个环节中。

"游戏视频解读"主题教研

徐艳：各位，这是周四我在中海户外自主游戏中拍到的一段视频，请大家对这段游戏进行解读（分享游戏视频）。

徐艳：前几日布置的游戏解读作业大家都及时上交了，这是我对这次活动的一个总结。

对教师游戏解读的解读

放手游戏，孩子发现世界，教师发现儿童，园长发现教师。

11月30日，我把在中海园户外自主游戏时拍摄的一段2分47秒长的视频发在益文教研群里，并布置了一个作业：请每位教师对这段视频进行解读。在规定时间内共收到79份视频解读文档，每个教师都完成了作业。

一、作业呈现出的共性与不同

（1）所有教师都从游戏中看到了孩子的学习与发展。社会性方面：体验到群体合作游戏的乐趣；在游戏中感受到人多力量大的道理；游戏中能主动出主意、想办法，遇到困难不退缩，表现出自信、自主。身心健康方面：发自内心的愉悦；在对抗游戏中锻炼了手臂、腿部等肌肉力量。认知方面：能主动尝试运用多种方法解决问题，表现出思维的灵活性。

（2）几乎所有教师都由衷感叹：儿童是成人之师，我们要向孩子学习。

（3）所有教师都感受到"环境与材料"对儿童游戏的支持作用，体悟到"放手"的重要性。

（4）所有教师都关注到了安全问题。

（5）所有教师都认为由此游戏可以产生很多话题和活动。例如：在这个游戏中会有哪些危险？为什么坡下人比坡上人多却不能把滚筒推上去？听听阿基米德的故事，玩玩斜坡游戏等，由教学引发游戏和由游戏生发教学就是这么自然而然地发生。

（6）教师们对游戏解读的方式不尽相同，所感所悟之深度、广度、高度也有不同，对于游戏中存在的安全问题，亦有不同意见。

二、我的分析

（1）尽管我没有看到教师们观看这段视频时的表情，但我能想象到大家一定会被这段视频吸引，会看得饶有兴趣，看的时候脸上一定带着笑容。这就是游戏的魅力。自开园以来，我园不断调整游戏时间和方式。每个周五上午全部安排区域活动，周二室内大区域，周三室外大区域；室内外大区域从每个班固定区域到全园混龄自主游戏。特别是混龄游戏开展以来，每一次游戏时孩子们发自内心的愉悦，那种完全彻底的自由、自主；那些让成人为之惊讶、惊叹乃至敬佩的创造都会感染到老师们。因而，大家愿意为更好地提高孩子们的游戏质量而学习、研究、探索。

（2）本学期我们先后研讨了室内游戏后的分享和户外游戏后的分享。从这次的视频解读中可以看出，教师们能够抓住游戏中的价值点进行解读，能够联想到根据此段视频在分享环节要和孩子们谈什么、怎么谈，能够由此游戏生成很多集体教学活动，说明我们的研讨是有成效的。

（3）解读中不管是有经验的教师还是新教师，所有教师都关注到了游戏中的安全问题，这是值得欣慰的一点。任何时候、任何活动，必须把保护幼儿的生命和身体安全放在首位。

（4）对于这个游戏，老师们有不同的命名，"滚筒游戏""滚筒对对碰""螺旋黑筒爬坡记""滚筒对抗""博弈游戏"等，我觉得都非常恰当。游戏中小男孩运用炒勺的办法是最吸引老师们眼球的，因而在大多数老师的解读中都提到了"杠杆原理"。"杠杆原理"是初中物理知识，这些老师当初物理一定学得不错！幼儿教师不仅要具备专业知识，而且应具备通识性知识，《幼儿园教师专业标准》中也有"终身学习"的要求。

（5）有些老师把视频截为不同段落，逐段甚至逐个镜头进行分析解读。如张英杰、臧绍荣、王志敏、张鲁云等；有些老师会对照《3—6岁儿童学习与发展指南》——详解，如王昕等；有些老师会将此视频与日常自己拍摄的游戏视频相关联进行解读，如张蕊蕊等；有些老师会由视频想到人生哲理，如张媛等。可以看出同样的题目，不同老师上交的作业是不同的。有些是因为经验多少的原因，年轻教师经验少，自然对游戏的解读浅一些；老教师能够运用一些理论来分析孩子的行为，解读得更细致深入一些。不可否认的一点是：越是工作认真的老师，解读得越是认真。我想，这也正是他们工作出色，能力越来越强的原因吧。每一次的活动都认真对待，每一次的经历才会变成经验。年轻老师，加油！

（6）有的年轻老师认为在斜坡处玩这样的游戏有危险，应该在平坦的地方玩；有的老师认为恰恰是斜坡提供了这样的游戏机会，有适当的危险正是对孩子的挑战。"爱、冒险、喜悦、投入、反思"是安吉游戏的五个关键词，关于"冒险"，布达佩斯英国国际学校在开展安吉游戏后，发现了冒险游戏对孩子有重要的作用。该校早期教育部门主任艾玛·皮克林说："安吉游戏让他们体会到，生活中冒险无处不在，冒险是儿童在自信、勇气、竞争中成长的必经之路。孩子在冒险游戏中获得的能力让他们战胜了生活中的变化，相反，剥夺儿童的冒险机会，儿童就可能失去掌控他们自己人生的能力。"再来看看咱们的"滚筒游戏"中存在的安全问题有没有解决的方法和途径？首先，当天的游戏中，处于草坡站位的几个老师也意识到了这些安全问题，他们时刻关注着孩子们的游戏，因为还没到"该出手"的时候，所以他们管住了嘴和手的同时，眼睛是睁大的、耳朵是竖起来的。因此，幼儿游戏时，教师的全神贯注是幼儿游戏安全的重要保证。其次，游戏后的分享环节，老师们可以把这段视频放给孩子们看，让孩子们来讨论如何规避其中的危险，这一点很多教师在解读中也给出了很好的建议。最后，如果我们对游戏中的场地重新调整布局，在斜坡与围墙间竖起一道安全屏障，保证滚筒从斜坡上滚下后遇到阻挡停下来是不是就不会撞击到其他游戏的孩子了？综上三条证明：滚筒游戏中的安全问题是可以解决的，因而，斜坡游戏是可以继续开展的。

三、后续跟进

（1）后期将把部分老师的游戏解读在教研群中分期发给大家，以供教师们学习借鉴。

（2）著名教育家苏霍姆林斯基说："如果你想让教师的劳动能够给教师一些乐趣，使天天上课不致变成单调乏味的义务，那你就应当引导每一位教师走上从事研究的这条幸福的道路上来。""游戏解读"活动还会经常组织，希望老师们踊跃提供你们拍摄到的认为有价值的游戏视频,大家一起来解读,供大家学习,不断提高专业水平。

(3)我会关注中海园的老师是否对游戏中的安全问题及时采取了相应措施。

林露瑜:反复阅读,收获良多,找到了自己的不足,期待学习更多教师的优秀解读。

张凤:感谢园长的解读,早上起来看了两遍,受益颇多,让我对游戏观察再一次有了更多的理解与认知。

徐艳:前期大家对滚筒游戏视频进行了解读,后续会把几位教师的解读分享给大家。到底如何撰写游戏案例,有些教师还不是很清楚,下面就把此次的滚筒游戏以案例的形式呈现给大家,教师们可以借鉴。

滚筒游戏

一、游戏背景

每个周四是我园户外混龄自主游戏时间,孩子们打破班级和年龄界线,自主选择游戏场地、材料、伙伴、玩法,自由地进行游戏。在孩子们非常喜欢的草坡,我们投放了大滚筒、小车、锅碗瓢盆等材料。不同年龄阶段的孩子相聚在一起,曾引发了很多的游戏。又是户外混龄自主游戏时间,大滚筒、草坡、孩子,会发生什么样的故事呢?

二、活动过程与支持

(一)游戏实录

　　孩子们正在进行一场推滚筒游戏。坡下的人多一些，他们把滚筒往坡上推；坡上的人少，他们把滚筒往坡下推。

　　坡下方的孩子有大有小。他们喊着"加油、加油"的口号，有的推，有的用后背挡。有几个孩子先后几次钻到滚筒里面推，子涵还大声喊着"向前推、向前推"。当双方正上下僵持时，明溪跑到滚筒侧面，双手扶住滚筒两边，用力向上转动滚筒，在她的努力下滚筒的一侧往上前进了一点。另一侧的子淇发现后，也站在侧面用双手扶住滚筒往上转动……整个过程中，滚筒除了偶尔往前移动一点点，基本上都在原地打转。

　　坡上是三个大班男孩。一开始，晟烨采用手推、肚子和腿顶的方式向下推滚筒；梓涵用助跑借力的方式，将滚筒向坡下推；宗炜反复蹲下调整平底锅位置，用脚踩平底锅锅把。助跑的小朋友连续进行了六次助跑借力，但滚筒并没有下移的迹象。

　　随后三位小朋友转变了方式，腿用力蹬地，手使劲往前推，一起合力向下推滚筒。坚持了一会儿后，梓涵继续助跑借力，晟烨暂时离开了，宗炜又开始调整他的平底锅位置。此时滚筒向坡上前进了一些。晟烨刚好回来，拿来了一个蒸饭锅，放在滚筒下面，发现并没发挥作用后拿开了；宗炜在围着滚筒跑了一圈后，继续调整平底锅，只见他把平底锅使劲往滚筒下塞，认为塞得很结实后，站到了锅把手上，用脚踩了一下锅把，滚筒被撬动并明显向坡下移动一些。紧接着，他用同样的方式又进行了一次。

　　"游戏结束"的提示音乐响起，坡下有些孩子离开了滚筒，滚筒向下滚动的速度明显快了很多,有个孩子摔倒了,教师及时上前介入引导。

(二)分析解读

1. 在游戏中看到幼儿发自内心的愉悦

《3—6岁儿童学习与发展指南》(以下简称《指南》)指出:良好的情绪是心理健康的重要标志。愉悦的情绪有助于幼儿积极地探索环境,与他人交往,并与他人建立良好的关系。

孩子们在开放、轻松、自然的环境中,自发地产生了游戏。不管坡上坡下,每个孩子都洋溢着发自内心的快乐,让我们看到"真游戏"给孩子们带来的自由、自主、愉悦、创造。孩子是天生的游戏高手,他们的游戏兴趣与专注度一直处在积极、投入的状态,在快乐中散发出蓬勃的力量与迷人的智慧。

2. 在游戏中看到幼儿的动作发展

滚筒游戏中,孩子们通过推、钻、攀爬、跑、跳等,提高了身体的协调能力和灵敏性。同时上肢动作、腿部力量等肢体锻炼,促使孩子的力量和耐力得到发展。孩子们在滚筒上爬上爬下,说明他们敢于冒险,敢于挑战自我,具有一定的平衡能力,动作灵活、协调,在发展感觉运动技能的同时,也从中获得愉悦的体验。

3. 在游戏中幼儿的社会性得到发展

滚筒游戏的挑战性和趣味性激发了幼儿协商与合作的能力。不同年龄阶段的孩子们主动吸引、相互交流、分享方法,说明他们与同伴交往的能力在不断提升。这些孩子打破了年龄界线,彼此并不都认识,但却能共同参与游戏,在浓厚的兴趣中配合默契,体验到集体的力量,体现出比较高水平的合作能力。这让我们看到了自主游戏背景下,孩子们良好的社会性发展。

4. 在游戏中看到幼儿是有能力的、主动的学习者

放手游戏，发现儿童。纵观整个游戏，在与草坡、滚筒、材料的互动中，在双方力量与智慧的碰撞中，孩子们自我建构着对科学现象的初步认知，成了有能力的、主动的学习者。游戏中，他们尝试了用身体的不同部位阻挡，用锅挡，助跑挡，钻到滚筒里滚动助力阻挡等各种方式。这些都是在真实的游戏场景中自己探索的方法。坡下的小班幼儿大多在互相模仿中用推的方式，而坡上的大班幼儿则会借用工具等，这显示出孩子的游戏水平呈现出不同的年龄特征。古希腊物理学家阿基米德说："给我一个支点，我就能撬起整个地球。"游戏中，我惊喜地看到了身边的"小阿基米德"，用平底锅撬动了滚筒。或许他以前有过这种经验，或许他是急中生智，但我们发自内心地给孩子点赞。

5. 在游戏中发现幼儿良好的学习品质

《指南》中明确指出："要重视幼儿的学习品质。幼儿在活动过程中表现出积极态度和良好行为倾向是终身学习与发展所必备的品质。"在滚筒游戏

中，双方各有优势，比如坡上省力，坡下人多。孩子们勇于接受挑战，没有被对方的"优势"吓倒，而是坚守在自己的"阵地"积极想办法。让我们看到孩子们敢于尝试、不怕困难、持续探究等良好的学习品质。

6. 在游戏中发现存在一定的安全隐患

孩子天生渴望寻求挑战和冒险，但我们更要帮助孩子识别风险，意识到危险。在游戏中，当下方人变少，上下力量失衡，滚筒从坡上滚下，便有了一定的安全隐患。虽然孩子有预判危险的能力，但特别是年龄小的孩子，有时会忽略这种潜在的危险，这时老师选择及时介入对孩子进行保护。引发幼儿思考游戏中的安全，与孩子一起建立游戏规则、调整环境材料对孩子的成长是有意义和有价值的。

（三）游戏分享

每次游戏后我们都会进行游戏分享，运用绘画、符号、语言等多种方式表征。总结提升游戏经验，聚焦问题和热点展开讨论，在了解幼儿已有经验的基础上，发现课程升华点，为游戏深入持续开展和课程推进提供材料上、环境上、情感上的支持。

1. 画画"我的游戏故事"

游戏结束后，孩子们回到教室，开始进行游戏表征。我记录了孩子的一些语言。

玉玺：我们在玩推滚筒比赛，其实一开始是因为坡上的小朋友总是要把滚筒滚下来，我们觉得坡下面有小朋友在玩过家家，危险，所以不希望滚筒滚下来。

子淇：我们只有三个人，他们下面有很多人，他们也没推上来。

2. 集体分享

为帮助幼儿梳理、概括和提升游戏经验，在集体分享前，我依据观察迅速利用环境和网络资源，做好支持幼儿经验分享与提升的相关准备。

当我把孩子们的滚筒游戏视频在班级进行分享时，孩子们边看视频边兴奋地说着：

"他们在推滚筒比赛。"

"他们在比谁的力量大。"

"好像谁也没赢，滚筒只是从横着变成有一点儿竖的。"

"坡下的人没有推上去，因为坡度有点儿大。"

……

视频看完后，我请其中一位参与游戏的小朋友与大家分享。

教师：你们是怎么玩的？

绍桐：我们上面的想往下面推，他们下面的想往上推。

思雅：还有我，我在坡下面这一组。

"我也在坡下面这一组。"

"我也在。"

"坡下的人多，坡上的人少。"

问题1：坡下小朋友这么多，为什么没有把滚筒推上去呢？

思雅：因为大滚筒太重了。

昊宸：因为往下推的时候是个斜坡，而且上面大部分是小男生，他们力气大，而下面大部分都是女生，所以上面的会赢。

孟德：因为上面的晟烨和宗炜用了一个平底锅，不让下面的人推上去，如果推上来锅就能挡住滚筒，上面的小朋友再用力向下推他们就赢了。

轶玮：因为从坡下往上推很困难。

宗炜：往坡上走的时候费劲，往坡下走的时候我感觉我都快停不下来了，所以在坡下推费劲，人多也有可能推不上去。

教师：那上坡和下坡的感觉到底有什么不一样呢？下午户外游戏的时候，你们可以去试一试。

问题2：为什么平底锅能对滚筒起到阻挡作用？

教师：刚刚有小朋友还看到宗炜用锅了。老师也发现宗炜用的方式跟别人不一样，请宗炜来说一说。

宗炜：我想把锅塞到大滚筒的下面，不让他们推过来。我还用脚踩了下锅把。

教师：你们觉得宗炜的这个办法有效吗？

跃然：当然有效了。他踩的时候，是有一个小小的冲击力。它就像我们玩跷跷板一样，有一个支点，一边的人一跳，另一边的人就跳上去，滚筒虽然太大了，但是它是圆的，所以宗炜用脚一踩它就出溜儿滚下去了。

紫悦：因为锅的把和锅是一个平行的，锅底是陷进去的，锅把凸出来，如果踩锅里面会撬一点点，可是踩锅把就可以撬起来。

教师：一个小小的平底锅，竟然能撬动一个大大的滚筒。这让我想起了一位伟大的科学家阿基米德，他说："给我一个支点，我就能撬起整个地球。"

孩子们纷纷感叹，一个个张大了嘴巴，"啊，这么厉害！""不可能吧！"

先锐：我知道，这是杠杆原理，就是用一根棍子撬重的东西。

宗炜：我学积木时学过。

奕宸：拼大楼的时候，我就知道杠杆原理，我奶奶用剪刀来撬那些拿不下来的积木。

绍桐：就是那个小石子的位置要放得合适，一边长一边短不合适就会费力……

教师：原来有的小朋友在生活中已经感受过杠杆的作用了。杠杆原理这么神奇，小朋友们可以去试一试！

问题3：游戏中存在哪些危险？

教师：关于这段视频，你们还想说点什么？

歆悦：我看到有个小朋友爬到滚筒的上面，很危险。

紫悦：老师，我有一个小问题，小朋友爬进滚筒里，万一转动的时候，碰着头怎么办？

孟德：下面的人一松手，滚筒会滚到远处的，会伤到别的小朋友。

教师：我们应该怎么做才最安全？

亦辰：可以跑到草坡上面，对着下面大声喊，"让开让开，滚筒滚下来了！"

栋喆：如果滚筒一下滚下来，就会砸到其他小朋友。我昨天在玩的时候尝试过，用轮胎挡住大滚筒，我们要让滚筒慢慢停下来。

子涵：用轮胎固定，一个不行，多用几个。

教师：还有哪些游戏在结束的时候，需要慢慢停下来？

嘉伟：玩跷跷板也要慢慢停下来，如果突然停，可能会让别人摔下来。

博云：骑车的时候，也要慢慢停下来，不然很危险。

教师：我们都知道这些安全好方法了，那幼儿园其他的小朋友还不知道，怎么办？

盛烨：可以贴上标志，提醒其他小朋友。

教师：这些办法都很好，你们可以去试一试。

（四）游戏推进与支持

1.滚筒游戏的继续——滚筒上坡

由于教师的及时捕捉及游戏后的分享，孩子们的游戏热情被点燃。第二天，我看到又有几个孩子在玩把滚筒推到坡顶的游戏，他们一起合作，用轮胎在下面挡住滚筒，滚筒每向上滚动一点，轮胎也马上跟着移动。上方挡住前进道路的轮胎也被孩子们及时清理走。在持续不断的加油声中，两次滚落下来的大滚筒终于爬上了坡顶。

教师思考：在这个游戏中，能看出孩子们将集体分享中获得的经验运用到了其中，彼此之间配合默契，在将滚筒向上推的过程中，孩子们能够用轮胎挡住滚筒，既保证了下方推滚筒小朋友的安全，又能让滚筒比较顺利地以最快的速度爬到坡顶。

2.滚筒游戏的继续——滚筒滑梯

孩子们将滚筒竖放，把轮胎放在滚筒的两侧，滚筒变得稳固多了，这时候绍桐钻进滚筒滑了下来，兴奋地说："我坐了一个大滑梯。"

教师思考：在与滚筒的互动中，孩子们已获得了要让滚筒稳固需要增加阻挡物的经验，"轮胎"这一阻挡物成了很多孩子的选择，当滚筒由横向变成竖向，孩子们发现在它的两侧都放上轮胎，滚筒就变成了一个有趣的稳固的滑梯。这一新玩法又增加了孩子们探索滚筒游戏的兴趣。而"轮胎"则成了给孩子们的滚筒游戏构筑安全屏障的好工具。

3. 滚筒游戏的继续——个性化、多样化探索

（1）在户外建构区、草坡处，我们增加了小自行车、小推车、滑雪板、彩色小滚筒、广告横幅、小汽车、小球、拱门等辅助材料，探索草坡、滚筒、力的各种游戏出现在这里。

长木棍撬动滚筒，体验杠杆原理。

在户外大型搭建区继续探索斜坡的秘密。

（2）在室内区域美工区投放各种材质的纸、太空泥，供幼儿绘画、制作表征；建构区投放纸盒、纸杯、圆筒盒子等，与小型木质积木一起，供孩子们搭建、体验；建构室里，孩子们享受着碳化积木、泡沫积木等不同材质的积木给予他们的探究空间；科学区，木板、纸筒、奶粉桶等材料的投放，使孩子们对坡度不同、坡的材质不同，纸筒滚落的速度不同进行了深度探究；图书区投放《斜坡书》《阿基米德的杠杆》等书籍，让孩子们获得更为系统的经验。

（3）在家庭中，引导家长对自主游戏的重视，支持孩子们在生活中继续进行斜坡与滚筒游戏的探索。

三、教师反思

（一）宽松自主的游戏氛围，是高质量游戏的前提

自主游戏时，孩子们发自内心的愉悦，积极主动的合作，充满智慧的探索与创造，总会让我们为之惊叹。滚筒游戏中，孩子们能全身心地投入，彻底地自由、自主，离不开老师的信任、尊重、鼓励与支持。老师在观察孩子们想办法"对抗"的过程中，感受他们的智慧与快乐，让游戏与学习自然发生。

（二）教师最大限度的放手和最小限度的介入，让游戏中的学习与发展成为可能

借助观察，在自主游戏中我们看见幼儿真实的兴趣，也让我们发现儿童是有能力的学习者。当游戏结束，音乐响起，滚筒从坡上滚下来以后，教师观察并预判到存在安全问题，马上在第一时间内进行了必要的介入，对幼儿给予了及时的支持与保护。整个游戏过程中，体现出"最大限度的放手和最小限度的

介入"这一原则。

（三）低结构材料和开放性的环境，能激发幼儿更多的探究

在孩子们喜欢的草坡，大量丰富的、不同结构的材料，为幼儿游戏提供了环境基础。幼儿充分运用智慧与材料互动、与环境互动，因地制宜，物尽其用，平底锅、蒸饭锅、轮胎等材料都成了孩子们解决问题的工具和创造的源泉。当更丰富、多样化的材料投放到环境中，不仅会满足不同年龄段幼儿的游戏需求，迁移他们的已有经验，更有助于幼儿游戏的开放和创造，助推幼儿的发展。

（四）游戏后的经验梳理与交流反思，有利于促进幼儿深度学习

游戏后，我通过开展多元化的表征、分享交流活动，引导幼儿回顾游戏过程，梳理经验，发现问题，反思方法，提升能力，进而给予更有效的支持。例如：幼儿发现平底锅撬动有效，及时丰富杠杆原理的知识经验与材料；幼儿发现安全隐患，引领进行安全防护的思考与行动，设置安全屏障，制作并悬挂安全提示；等等。在交流、分享中，幼儿通过再思考、再实践获得成功的体验，充分发挥了游戏分享梳理经验、提升探究能力的作用。幼儿的深度学习在教师的隐形支架下，不断得以深入发展。

03

第三篇

生活化课程实践

"我与石榴有个约会"主题教研

徐艳：蔷薇班分享了"我与石榴有个约会"活动美篇，各位老师，你们对这个活动有何感受？受到了哪些启发？

姜梦：平时的教学要生活化，以孩子学习生活为内容，以选择生活，利用生活为途径，让孩子学会生活、懂得生活、珍惜生活、创造生活，让每一个个体生命都精彩起来。

刁雪慧：整个活动源自孩子的发现，教师用心地记录、创设，一系列的活动相继而来。过程中，孩子们遇到难题时，通过老师的启发和集体讨论，解决了难题。然后，用孩子们喜欢的方式，让孩子们对石榴有一个整体认知。整个活动看似无意之举，实则需要教师运用专业知识创设完整、适用的课程内容。佩服之余，更多的是反思——生活化课程无处不在，需要一颗善于发现的心……

隋欢欢：石榴树会陪伴孩子们的成长，石榴树把累累硕果奉献给孩子们，孩子们在与石榴树的互动中激发了对大自然的热爱之情，不但体验到了丰收的喜悦，同时体会到了劳动与收获的快乐，相信这会成为孩子们美好的回忆！

张鲁云：真的不要小瞧孩子，正确的引导会让孩子自发地进入学习状态，教师作为孩子的伙伴在背后支持孩子，提供帮助，给他们安全感真的是一件很有意思的事情。在我们看来呼之即出的简单答案，孩子们却讨论得津津有味，而且得到的答案也让人惊喜连连！这种活动不仅孩子们受益匪浅，我们老师又何尝不是乐在其中？我已经爱上了这种生活化活动，玩得开心、纯粹，又不脱离学习！

于娟：自然充满变化，充满未知。贴近自然，从自然中感受美好，感受力量，单纯地去参与探索，感受秋季收获的喜悦，这不正是我们一直追求的生活化课程吗？作为老师要有一双观察生活的眼睛，带领孩子一起去发现生活的美好。

林人红：生活化课程，真的可以带给孩子们无限的快乐，这种真实的探究式的学习，可以让孩子们自主、自由地进行深度学习，我们老师只是一个引路者，孩子们的探索与发现可以惊艳到我们每一个人。而我们只需要响应孩子们的需求，就可以让孩子们感受到最纯粹的快乐！

初艳玲：这些都是我们在教室里无法给予孩子的，所以我们在日常教学中应做个有心人，多带领孩子们走出教室，帮助他们融入自然、融入社会，让他们自己去发现、去体验，并获得知识。

连懿：不论是石榴还是海棠活动，都是来源于孩子们的观察，出发于孩子们的兴趣点。孩子们用眼睛发现了大自然的美好，对于大自然的产物，他们有自己独特又可爱的回答和表现。这是老师们很难给予的，孩子们本身就是生活和知识的挖掘者，让孩子们自由发现，也能带领老师在生活化活动中不断成长。

吕河吟：孩子们见证了果实的成熟，他们遇到问题、解决问题，亲身体验到了收获、分享的乐趣。这将会是一段美好而又深刻的记忆。老师们用心，孩子们开心，他们热情满满地对待生活，在生活中学习，在学习中生活。

王雪纯：我要向老教师学习，发现生活中的教育契机，让孩子在生活中成长。昨天看到张老师发的采摘石榴的美篇，看到孩子们的笑脸，不难想象在现场采摘时孩子们有多兴奋、多高兴。交给孩子们去做生活中一件小小的事情，那里面就蕴含了许多教育契机，让孩子真正通过动手操作去发现、动脑、动手合作和分享。以前带孩子们出去散步的时候，孩子们也会去观察石榴，讨论为什么只有一个大大的石榴？什么时候可以去采摘石榴？多数时候就是几句话带过，没有真正带孩子们深入讨论。

姜美娜：生活化课程增加了孩子们的兴趣，让孩子在生活中学习到相关的知识，使孩子对熟悉的生活环境更感兴趣，教师要引导孩子在生活中不断探索学习。

王瑞：这次石榴采摘活动充分结合了孩子的日常生活，将抽象的学习转化为真实可感的生活场景和生活技巧，孩子在学习中感受生活的乐趣，寓教于乐。同时也促进孩子获得真实的生活体验，使孩子更加热爱生活，喜爱幼儿园。

张蕊蕊：生活中有许许多多的课程资源等待发掘。大家都曾在院子里的石榴树下走来走去，却只有蔷薇班看到了教育契机，并以此契机设计、开展了一系列连贯的活动。我不禁反思,为什么我没有发现这个课程资源呢?思考后我认为,教师不仅需要一双发现美的眼睛,也需要一双发现教育宝藏的火眼金睛,我们应时刻站在孩子的视角来寻找、来发现孩子们感兴趣的、有助于他们成长的课程资源,将资源转化成有意义的课程,带领孩子们共同探索。

罗志纯:经验的积累来源于生活,通过采摘石榴和海棠,孩子们体验到了采摘的快乐,他们发现问题、解决问题,也感受到了分享的快乐。从活动中看出,生活中的点滴事情都能激发孩子们的兴趣,兴趣是学习的动力,教师抓住孩子的兴趣点,助力孩子成长。生活即教育,在生活教育中获得成长,使孩子拥有一个快乐而有意义的童年。

孙红蕾:在采摘活动中,孩子们看着果实一点点长大成熟,感受着季节与作物生长的关系。学会与小伙伴合作解决问题,体验与人分享的乐趣。所以时时处处皆是我们开展活动的契机,让孩子们回归自然,让课程回归自然、回归生活,在自然环境中去探索、去发现、去感受。这样的活动对孩子们来说感触更深,也更容易接受。

赵芮辰:这样才能更好地促进幼儿身心健康发展。生活化教育真的是不经意间在孩子们心中种下了小种子,让他们自己观察果实的成长与变化,去采摘并体会收获的快乐,远远比坐在教室里听老师说、看着电视上的图片要有意义得多。游戏化、生活化的教学活动能激发孩子们的学习探究兴趣,是孩子学习知识、体验快乐的一个重要组成部分。我们应该让教育回归生活,让生活与游戏真正融入幼儿园的课程和老师的教学活动中。

张媛:最大的感受就是佩服,佩服老师背后的教育引导和教育智慧;佩服孩子们的想象力、观察力、发现问题和解决问题的能力。这些都激励着自己,要多向优秀教师学习,多与孩子接触,读懂孩子,积累经验,磨炼本领,快速由新手教师向职业教师再到专业教师过渡。

尹秀霞:看到孩子们摘石榴的整个过程,我很感动。大自然就是孩子们的大课堂,教育就应该源于自然。要润物细无声地让孩子在自然中得到直接体验、实际操作、亲身感受。记得花草园有一期公众号内容中提到过,没有什么刻意的教,只有一种内在力量的呈现。将教育自然、生活化地滋润着孩子们。我觉得这正是我们所要做的。

高冰洁:孩子爱探索、爱发现的眼睛从哪里来?我想是来源于老师为他们捕捉到的教育细节。孩子们学习什么、学到什么取决于老师能看到什么。着眼当下，我们班的"树真好""中国文化墙"以及幼儿园一点一滴的教育资源，如何让孩子产生学习、探索的兴趣，真的需要好好思考一下。

谢颖超：生活是一种实践、一种参与，也是一种体验。孩子们去探索、去发现、去尝试，想办法解决摘果实的问题，最终摘得果实。对生活化活动有了直接感知，了解果实的大小、颜色、形状，内容生动具体，孩子们将已知的生活经验运用到游戏中，并体验到分享的乐趣。

神克菊：生活化课程的灵感来自生活，孩子们非常感兴趣，参与其中，他们开心快乐，收获满满。一张张笑脸洋溢着幸福。整个活动过程的各个环节，老师和孩子们都认真观察，细心探索，学会分享，提升了生活经验，快乐充实且有意义。这也许就是生活化课程的魅力。作为教师我们要学会思考，细心观察，抓住教育契机，抓住孩子们的"最近发展区"。

王婧：陈鹤琴说过"大自然，大社会就是活教材"，孩子们的小眼睛观察着身边的一切事物，他们充满着好奇和想要去探索的欲望。记得在采摘海棠果的前一晚，皮皮在家找工具时认真的小模样，采摘完津津乐道地和我们讲他采摘时的心情与果实的味道，感觉他是全身心地投入这件事里了。昨天下午我们班小朋友在户外看到石榴，都很感兴趣地去观察，在看的时候想起蔷薇班哥哥姐姐送来的石榴，我们虽然没有参与采摘，但我们班小朋友和哥哥姐姐们一起品尝了石榴的味道！生活化课程丰富了孩子的生活经验，感受到了生活中的乐趣与美好，让孩子的生活变得更加生动有趣。

王健：好可惜我们班小朋友错过了今年的红石榴，得提前预订明年的石榴啦。相信这样的生活化课程也是经过老师认真思考的。生活中有很多值得我们去挖掘的课程，老师要用发现的眼睛去寻找生活化课程，要提出价值性问题或者挖掘幼儿在生活中发出的疑问，围绕问题让幼儿进行深度学习，课程的每一步都要让孩子的能力有所提高。

丛铭：只要是与孩子们生活有关的，是孩子们需要的、感兴趣的，急于想知道或解决的，有助于拓展孩子们经验和视野的内容，都可以纳入课程中去。其实在幼儿园中有许多具有价值的生活素材，只要我们积极关注孩子们的生活，通过敏锐的观察捕捉孩子们生活中有价值的教育资源，并加以支持、提升，相信这样的课程一定充满自然与和谐，创造与快乐，也更富有生命力。

张英杰:看完蔷薇班的采摘石榴活动后,最大的感受是敬畏儿童能力,敬佩老师智慧。在孩子们眼里,生活中包含着丰富的学习内容,生活中一切与孩子有关的人、事、物都蕴含着巨大的教育价值,我们要做有心的老师、智慧的老师,与孩子们共同发现生活、体验生活、创造生活!

刘一非:我认为这就是把生活化课程落到了实处,丰富了幼儿的生活经验。幼儿通过直接感知、亲身体验于趣味中,无形之中获得了生活的知识。

隋新红:打开美篇记录的课程,一张张熟悉的面孔,孩子们的快乐溢于言表,感动于老师的用心。通过采摘收获活动,听到班上的宝贝们清晰地表达自己的观点,又亲身去体验、感受、发现,相信孩子们会更加热爱自然,爱上这个世界一点一滴的美好。虞永平教授说,幼儿园课程是一件正在发生着的事。对于孩子们来说,学习就是行动,就是有事可做。就是做有意义的事、做有挑战的事、做需要思维和情感参与其中的事。小小的"石榴和海棠"在孩子们幼小的心中种下了探究、尝试、成功、喜悦的种子,给他们的童年留下了美好的回忆。

徐艳:爱孩子,才能发现孩子、追随孩子、成全孩子!在这里,我想对这两次活动的发起者——林人红、张鲁云以及她们所在班级的老师表示一下敬意。第一,她们是爱生活、爱孩子的老师。爱生活,才能对生活中的草长莺飞、鸟鸣蛙叫感兴趣。自己都不感兴趣的事情怎么能去带孩子们做呢?第二,她们乐于付出,享受成长。这些活动是她们自发自愿的,不是园长规定的。要组织活动就要动脑、动手、动嘴,跟园长提申请、组织孩子、活动后进行总结整理、制作美篇……都是自发行为,她们乐在其中。大家都谈了自己的感受,有对生活化课程的理解、有对老师们教育智慧的钦佩、有对孩子能力的认识、有对自己职业追求和努力方向的定位……老师们,我一直相信每个人都愿意成长。从大家的发言中也感受到每个人都有正确的认知,那么就请在你的工作中发挥主动性、能动性,希望每个人都能为成为更好的自己而努力!

林露瑜:身为益文人,我们骄傲!想起班里个子最小的小豆丁站在海棠树下垂涎欲滴的萌态,蹦蹦跳跳想去摘又够不到,拉着我的手寻求帮助的焦急模样,最后终于吃到了小荷班哥哥姐姐们送来的海棠的满足的样子!孩子们在真真切切地探索,真实而又幸福!家长会时,班里一位家长是高三的老师,她再三肯定了我们的生活化教育,孩子们只有在具有丰富的生活经验的基础上,才能游刃有余地应对高考，我们一直在坚持的就是给孩子们最好的教育！

王馨悦：我们班的宝贝们在摘海棠的时候真是各尽其能，有的孩子搬轮胎，有的孩子合作抬梯子，个子高的孩子打头阵摘海棠，还有的孩子帮忙递篮子，活动结束后孩子们的表征也非常有创意，也让我明白了孩子们真的只有亲身体验才更能在脑海中留下深刻的印象。原来生活中的点点滴滴都是学习的对象，孩子们成长的每一步都让我感到惊喜。

"一粒爱的种子"主题教研

尹秀霞:老师们,这是葵花班近一段时间利用午间散步时间开展的生活化课程。在此和大家分享一下孩子们开心、有趣且有爱的故事。从园长说完生活化课程绝不能仅仅停留在生活的表层之后,我更深地理解了生活化课程的精髓。我们还是要将落脚点放在教育上,只是老师要隐性、有趣且贴近生活地达成目标,同时自然地延伸到班级课程的各个领域。所以,我们的这次活动还没有结束。本来想将其他内容用美篇的形式总结在一起,但是篇幅太长了。所以我们打算分为几次进行。做得不好,希望得到大家的宝贵指导。谢谢大家了!

徐艳:如果你想过诗意的生活,来幼儿园吧;如果你想过有爱的生活,来幼儿园吧……会不会因生活化课程而让更多的人爱上幼儿教师这个职业呢?

尹秀霞:生活化课程真的让老师和孩子们体验到幸福与诗意的生活。我们要给孩子更多的时间来感受生活的美。

林人红:生活化课程让老师和孩子们一起感受到了美好的教育,并从中体会到了幸福和快乐的味道。

林露瑜:周一媛媛老师在清理卫生区时捡到了很多枯叶,她没有直接丢到垃圾桶,而是找了一个大袋子全都装了回来,因为她发现孩子特别喜欢这些掉落的叶子。看到这一大袋子的枯叶,一个画面立刻在脑中浮现,孩子们在漫天的叶子中间寻找最喜欢的那片叶子,还有的孩子躺在"叶子床"上享受初冬的暖阳!在三角地带游戏时,偶然发现一株海棠树开花了,花与果并存,孩子们也很稀奇地看了又看。在班级群里我们跟家长一起讨论这奇怪现象出现的缘由。最近几天我们一直在思索怎么做既能把这些内容深入,又可以让小班的孩子明了!感觉自己在做一件伟大的事情呢!

刁雪慧：关于落叶，树叶为什么会变黄？秋天来了，树叶一定会变黄吗？哪些树的叶子一直都是绿色的且不掉落？我们可以拿这些落叶来做什么呢？……有很多值得探究的东西。

张鲁云：生活化课程是一个个发现生活中美好的过程，孩子是我们成人的眼睛，替我们去找寻那些细小的美好，可是我们该怎样把这份美好放大？确实也是值得学习的过程，就像之前班里孩子发现葫芦架下的一个洞，他们就很好奇为什么会有个洞？洞里会有什么呢？他们一次次观察，一次次小心翼翼地试探洞里会不会钻出什么，因为他们都觉得这是老鼠洞或者别的小动物的家，还有的孩子说是雷劈出来的洞！可是它就只是一个浇水时被水冲出来的洞而已。我们没有打破孩子们的幻想，让他们畅所欲言，进行探索，可是再次浇水后，那个洞被冲没了，孩子们看到洞没了后，就没有再去进行探索！这次活动也就不了了之了！这也让我很是纠结，我想起了中华女子学院里的那个可以讲悄悄话的树洞，可是我们的这个"水洞"该怎么进行深入的探索呢？真的是让人深思又不知所思。

尹秀霞：我们都在这个过程中发现了很多的美好和需要摸索的地方。自己也觉得有很多时候不知如何提问，如何进一步引导孩子，有时自己也是不敢说，害怕说多了、说错了，固化了孩子的思维。

徐艳：孔子说："学而不思则罔，思而不学则殆。" 我们现在有很多"罔"和"殆"，学、思、践、悟可能是比较有效的方法。

"茶文化"主题教研

孙鹏玉（分享茶文化活动美篇）：茶丝初绽，满口生香——海鸥班谷雨品茶记。希望大家多提宝贵意见，我们相互学习，共同提高。谢谢大家。

徐艳：之前杏山园开展过茶文化进幼儿园的活动，大家进行过研讨，观察孩子对这次茶活动的兴趣，并予以追随、支持、引导、提升，就形成了一个小主题课程。

孙鹏玉：园长，我们会继续延伸，深度学习，呈现一个主题课程。

赵芮辰：我们关于茶文化的思维导图已形成，我们会继续将生活化课程进行下去，还望老师们多提宝贵意见。

尹秀霞（分享葵花班茶文化活动美篇）：我们中班组以及我们班级近期进行了春天以及谷雨节气的系列活动，自己也有一些困惑和感悟想跟大家分享一下：关于生活化课程我个人很喜欢，感觉它和集体教学相比，集体教学就好比"跟团旅行"，在这个范围内有很多可以结交的朋友，有很多乐趣可以探索。而生活化课程就像"世界自由行"，有很多奥秘是要自己去发现的，很有意思，也很有成就感，它们各有千秋。曾经我们憧憬，就是真正和孩子一起享受生活中的点滴。现在经过大家的努力我们正在这样做着，并且开始离它越来越近了。生活化课程要深入，不能仅仅停留在生活的层面上，我觉得要自然的、孩子自主自发的，这才是孩子们最喜欢的。在孩子们进行活动时，他们也总会有很多想法让我很意外和惊喜。

谷雨活动，我们带领孩子了解谷雨节气，一起种豆子，为自己的豆子设计标牌，发现泡过的豆子慢慢有了变化，这些孩子们都很感兴趣。还有品茶的活动，孩子们对于各不相同、特点独特的茶叶很是好奇，包括对于各种各样造型、花色不同的包装盒，他们都很喜欢。我感觉可以挖掘、延伸和扩展的东西有很多，但也总有一种时间不够用的感觉，尤其是节气、活动比较密集时。这也是我的困惑。还有就是给孩子提供的环境展示以及后续的表征的空间，如何能够做到水乳交融，真正达到自主、自发、有序，这也是我想要跟大家学习的地方。孩子们热情很高涨的时候，真的会被感动。希望能够得到大家的指点和交流！

王健：我觉得可以采取小组活动，因为并不是所有孩子都对一件事情感兴趣。这样也会关注到幼儿的个体差异，老师会观察到每一个孩子。最近一直阅读生活化课程方面的书籍，发现很多都是采取小组活动，因为小组活动才会呈现出更多孩子的表征。

张鲁云：霞霞太有心了，在认识各种茶的外观上进行得很细致，但是我个人觉得既然品茶，而茶文化又是我国特有的，那么从茶礼仪方面就要让孩子们体验到，所以在品茶环节我们班选择的是投放到区域里，孩子们根据自己的喜好先选择想品尝的茶，再体验温杯、洗茶、闻香、品尝、观察等自主活动。我觉得这样让孩子们同时了解不同的茶，在他们之间进行经验分享，会更增加孩子们对这种静谧活动的兴趣。

尹秀霞：说得有道理，我们已经投放在小厨房了，正在观察孩子们有什么需要，就是比较担心热水的安全问题。

王馨悦：记得上学期好像我们班也搞过类似的茶文化活动，我觉得可以把"茶的起源"也加进活动中，比如茶源于中国云贵高原，还有茶树的种类，以及关于采茶的故事。

尹秀霞：小组进行表征肯定比较有效，但班级里有部分孩子是不太愿意表征的。至于进行活动时采用小组的话，我觉得还得分情况。

王馨悦：我也不擅长组织小组活动，跟各位老师取取经。

王雪纯：我的想法跟鲁云老师相似，我看见孩子们在认识茶、感知茶的时候是坐在前面，老师拿着各种茶让幼儿看，我觉得可以把各种茶放在桌子上，让幼儿自由去观察。幼儿可以跟自己的好朋友交流，他们可能对自己感兴趣的茶一直观察，也可能将茶叶全都观察个遍，我觉得这样他们就有更充足的时间感知茶叶，然后让幼儿进行交流。

张蕊蕊：咱也是把这些茶叶介绍完后投放到区域里，小朋友在晨间活动、区域活动等时间继续自由看。

王健：其实分组观察就已经是小组活动模式了，我们总想进行集体课程教学，为什么不尝试让老师参与到孩子的小组中作为参与者或者引导者呢？打破以往总是集体教学的模式。

尹秀霞：当时只是想进行一个比较有氛围感的活动，但是确实也有不足的地方。

王健：我发现很多不爱说话的孩子在进行区角游戏的时候会很活跃。我觉得是不是在集体教学活动中总感觉老师是主角，但区域活动、小组活动时孩子就是主角，他们会更自由、自主。我也是发表自己的观点，也不知道说得对不对。

罗志纯：孩子们通过看茶、品茶的区域游戏体验茶文化真好，发自内心地感叹益文孩子真幸运和幸福。我们还可以给孩子们介绍一下茶叶的生长环境和地域特点，这样，孩子们对植物的生长环境和不同地域有不同的地域文化也有所了解。

尹秀霞：是的，有很多不太爱表达的孩子我发现他们也很喜欢用画画的方式。而有的孩子就不太喜欢画画，也可以说画画不是他们的强项。

吕河吟：我觉得可以加入对比，茶叶的生长过程，长成以后的样子，我们泡茶时候的茶和刚采的茶的区别。

徐艳：好！好！真教研就是这种感觉。

罗志纯：嗯，咱们要根据孩子的不同兴趣预设不同的活动内容。

王雪纯：我觉得集体教学和小组活动不冲突，集体教学里面可以包含小组活动。

尹秀霞：（@徐艳）谢谢园长给我们创设的平台，我感觉可以加入的好多。

吕河吟：对对，我觉得雪纯说得对，集体的应该有，跟小组并不冲突，孩子们只是在小组中更自由自主一些。老师可以在开始的时候集体引导，在最后的时候集体总结，探究的过程中分组，孩子们可以选择喜欢的茶叶跟小伙伴的做比较。

王婧："饮茶活动过程中形成的文化特征被称为茶文化，所以包括茶道、茶德、茶精神、茶联、茶书、茶具、茶画、茶艺等在内的都属于茶文化知识。中国作为茶叶的发源地，茶文化知识也是博大精深的。"这是我刚从网上查的，中班的活动也让我们这些不常喝茶的人对茶文化有了些许了解，感谢尹老师的分享。以前我也觉得时间不够用，每天在忙，感觉很累，但是并没有看到孩子们的收获在哪里。我也在反思。我想是我们给的并不是孩子想要的，是我们在拉着孩子走，不是孩子主动带着我们走。于是，我就想给孩子一个引领，就像茶文化，我们带孩子了解完，静心观察孩子，聆听孩子，从孩子的角度带领孩子深度学习，通过各种教育方法来让学习达到最佳状态，让孩子有更大发展空间，最终获得主动、积极、专注、思维的连续性以及解决问题的能力。一切的活动都是以孩子为主导，孩子是主角了，想要有提升就不再是难事，这样生活化课程就不是我们带着孩子过生活，而是我们和孩子一起过我们的小日子。这是我的一点不成熟的想法，也算是我的美好愿望。

尹秀霞：嗯，确实。所以总觉得时间不够用，我们要研究怎么合理安排时间。

王健：嗯，总结可以集体进行。那这样既有小组活动又有集体教学的课程是集体教学还是小组教学呢？

于娟：我觉得由品茶拓展到茶叶盒子好棒。茶文化讲究的一些意境、礼节也可以深入一下，比如品茶用什么样的音乐，品茶时的方法，在品茶时孩子们也可以铺着漂亮的桌布。

王昕：区域活动的同时，也可以部分孩子进行小组学习，集体活动可以跟大家一起分享。

王馨悦：有些不爱表达的孩子心思细腻，观察得也非常仔细，性格外向、善于表达的孩子可以带领大家去发现和观察，孩子们组成小组取长补短。

王雪纯：我觉得集体教学好，不过集体教学里面可以有小组活动的形式。

王健：我们从来没有过小组教学的经验，小组教学是由一位老师组织还是不同的老师进行同一个课程呢？我有点儿蒙。

谢颖超：看到中班的"谷雨品茶"活动，我们也品尝了谷雨茶，这是临时兴起的活动。孩子们对茶叶非常感兴趣，纷纷拿起来看一看、闻一闻。孩子们纷纷围坐在一起，看到沸腾的水泡过茶后孩子们小心翼翼地品尝。孩子们的自我保护意识其实很强，当时在想孩子们可以自由分组去观察、感知、操作，分工合作，放手让孩子们去尝试。

尹秀霞：我觉得要分情况和课程的设计，有时确实需要多位老师进行同一个主题的教学。集体教学中可以包含小组，我觉得小组教学也可以前置，然后集体总结。

张媛：我们可以玩一个采茶的游戏，让课堂动起来。记得有一个采茶的音乐游戏，是上半身动作的，把不同的茶放在不同的"生长环境里"。我们播放音乐带着小朋友采茶，每做一次游戏，就来到一个新的地方，采到新的茶，然后认识它，以此类推……

王昕：可以一位老师持续性地跟进，另一位老师关注其他孩子。

尹秀霞：（@王婧）谢谢婧婧的分享。感觉确实是，我们要慢下来。我突然想到啥时候我们来个茶话会，一边聊，一边喝着茶。

王婧：这个可以。

王健：嗯，不过这个课程很多地方都适合小组活动。比如你说到有的孩子对茶叶盒子感兴趣，有的孩子对其他内容感兴趣，那就可以分组进行深入学习，对茶叶盒子感兴趣的一组、观察茶叶颜色的一组等。都深入之后再一起进行总结，这样孩子知识面更广。

臧绍荣：个人感觉也是，一个活动深入开展往往不是一节集体教学活动就能实现的，需要延伸到区域活动，家长的参与，家长资源的利用，同样能让活动锦上添花。秀霞分享的是结合谷雨节气最初的茶文化体验。中国茶文化博大精深，放在区域继续探索，追随孩子的兴趣，应该会生成很多有价值的活动。

王瑞：我觉得生活化课程也给了我们老师脑洞大开的机会，一起探讨，一起学习，并和孩子一起成长。我们班谷雨的活动，基本上所有内容都是在一天内全部完成的，时间确实非常的紧张，孩子们是否将这些内容变成已有经验，也是需要我们老师在今后的生活中反复强化的。对于小班孩子们的表征，我还是很困惑的，除了让孩子涂涂画画，我们还应该引导孩子在哪些方面深入下去并记录在纸上呢？我们常说"最近发展区"，教育要走在发展的前面，可是我们应该更多地为孩子提供哪些教育，让他们得到发展，这是我很迷茫的地方。希望有经验的老师不吝赐教。

王雪纯：我有一个疑惑，孩子们在初期的茶文化学习结束后，老师要不要接着引导？比如，初期带领幼儿感知了茶，也品了茶，把材料都投放到了区角，如果孩子们没有什么进展，教师要不要主动引导幼儿往别的方面延伸，比如茶，还是一直等待幼儿，让他们找到自己感兴趣的点？

连懿：（@繁星班王雪纯）茶树的知识我们班今天还延伸了。

李文波：今晚的教研群氛围格外浓，看了大家的交流分享，受益匪浅，从谷雨节气活动的全面开展到茶文化的深入探究，凝结着老师们的智慧与思想的碰撞。每一个活动的开展，我们既会有面向全体的集体活动，也有根据孩子的兴趣进行小组和个别化学习的活动，同时延伸到家园共育活动中，让孩子在生活中探究、在实践中成长，我们的课程也跟随着孩子们成长的步伐不断地深入和完善。

尹秀霞：关于表征怎样可以水乳交融，让孩子自然、自主，我发现爱表征的孩子总能表征画出来。不会、不喜欢表征的孩子无法表征。我们给他们提供什么样的空间和机会呢？而且表征多了，孩子怕是有一种完成任务的感觉。

王雪纯：你们的表征是孩子自己提出来的，还是老师引导的？

连懿：老师引导。

张鲁云：俗话说眼见为实，孩子眼前的东西只要给孩子充足的感知时间，孩子们自己就可以提出问题。比如，我们班孩子发现茶汤的颜色一样，却是不同的茶叶泡出来的。对于茶树这种我们身边少有的物种，肯定得老师来引导。

徐艳："孩子们是否将这些内容变成已有经验，也是需要我们老师在今后的生活中反复强化的。"王瑞刚才这句话中有一个词——"强化"，请注意，孩子的经验是通过直接感知、亲身体验、实际操作而后自己获得的，有些可能很快，有些可能需要一段时间，但一定不是通过"强化"来的。这是观念的问题，一定要厘清。

尹秀霞：我觉得还是要尽量以孩子的兴趣为主导，当孩子没有立马反应时，要等待，给孩子时间消化。像我们班的搭建活动，一开始他们什么也不会，后来过了一段时间，他们又搭小酒馆，又搭银行。我感觉就是要给孩子时间，老师适时地引导。

王瑞：受教了，园长。

王雪纯：鲁妈，你们班孩子发现茶汤颜色一样，那我们老师可以怎么引导啊？往哪方面引导？

刁雪慧：（@尹秀霞）"表征"不是只有绘画，泥工、手工、拼摆、拼插等都是孩子的表征方式，不喜欢画画，可以做手工，不喜欢艺术活动，可以选择结构性材料，我们要给孩子提供多样化且丰富的材料，才会看到不一样的孩子。

张鲁云:（@王雪纯）让他尝一尝啊，然后观察一下茶壶里的茶叶的样子是不是一样的。

赵芮辰:我们班进行茶文化活动的时候孩子发出了疑问:白茶为什么不是白色? 而且泡出来的茶汤也不是白色? 明天就打算和孩子们一同进行学习探索。

王雪纯:总是不知道孩子感兴趣的点该往哪方面引导。

王健:瑞姐有一句话我有同感,"针对我们班谷雨的活动,基本上所有的内容都是在一天内全部完成的,时间确实非常的紧张",虽然前几天就开始给孩子讲关于谷雨的节气,但小班孩子无法理解谷雨是怎么回事。我们经常在班级里播放《二十四节气之歌》,孩子们都能唱下来了,但是不理解其中的意思。如何才能让孩子明白二十四节气呢? 孩子们能感知季节的变化,天气的冷暖,但节气真的不知道让孩子如何深入理解。

张鲁云:（@王雪纯）有时就得偷偷躲在他们身后,听墙角。

尹秀霞:孩子们在集体教学时有时不好意思说,但自由活动时就说得完全陶醉了。而且,你站在旁边他们也不拘谨了。

王志敏:我们不再是天天在家闭门造车,而是相互分享,每人每天都有新的收获。大家都在进步,而且讨论的内容也越来越有深度。单一个节气的谷雨活动就生发出了这么多内容,真长知识了!

林人红:在生活化课程中,孩子们遇到问题后,我们老师不应该直接给孩子答案,而应该为孩子们搭建支架,让孩子们学会去寻求帮助,引导幼儿去向爸爸妈妈提问,学会去收集信息,再来和老师、小朋友们一起讨论、一起实践、一起验证,让孩子尝试运用新知识、新经验来解决问题。

尹秀霞:（@王志敏）确实。我估计大家都在一边吃饭,一边热火朝天地交流。

王雪纯:有时候我的想法还是太局限了。

刁雪慧:像这种探究性的活动,呈现方式也很多。后面你们有个环节是设计茶叶盒子,可以用毛线、棉签、麻绳,甚至树叶、花瓣等制作自己的茶叶盒子,还可以搭建茶园,还可以用"雪花片"等拼摆与茶叶有关的事情……基于孩子的喜好,有赖于老师的引导。

林露瑜:周二我带孩子们去建构室的时候,看到秀霞正带领着孩子们进行茶文化活动,首先被秀霞布置的环境吸引,因为从小受爷爷的影响,我很喜欢喝茶，不由自主地走了进去，受到了孩子们的热情迎接，走时还赠送了我不同的茶叶。关于深度学习，茶文化值得研究的方向有很多，茶叶的产地、茶的种类、冲泡的方法，包括茶汤的颜色，甚至茶壶茶杯的材质、产地等。看到中华女子学院推送的一篇公众号内容，很有启发，他们在组织大班孩子进行身体的秘密学习时，老师提前设计了很多的问题，当让孩子们说出想对自己的身体问个什么问题的时候，孩子们的问题五花八门，甚至有的很专业，这让老师准备的常规问题根本就无发挥的余地！甚至有些手忙脚乱，因为孩子的问题也触到了老师的知识盲点，于是只能大家一起来查资料，一起来学习。另外，今天还看到一篇文章，观点是所谓深度学习就是鲜活的学习。我觉得在本次活动结束后，可以利用现有的材料在班级中设立区域，老师重点跟踪观察孩子们对茶文化的哪些方面比较感兴趣，然后深入探索，也许在这一方面的探索过程中，另一个兴趣点又萌发出来，一个接一个，可能到了幼儿园毕业，我们中华民族博大精深的茶文化还没有研究完，孩子们也成了茶道高手！

张鲁云：（@刁雪慧）我们班今天设计茶叶包装时确实没有想到这么多方法，就是单纯地画，明天就引导孩子们多种方法尝试！我们班的"谷雨话茶事"活动这几天一直都在进行中，和葵花班稍有不同，也请大家为我们指教！

孙鹏玉：今天的教研感觉正是我们需要的，我们海鸥班前几天也进行了"谷雨品茶"活动，活动将孩子们浅浅地带入了中国茶文化，前期老师也做了很多知识上的功课，细细研究下来，茶文化包括很多方面：茶叶的种类、茶具的种类、泡茶的流程、茶的养生、茶道礼仪等。我发现一节活动课甚至一天都没法讲完茶文化，只能带孩子粗浅体验一下，但在进行"谷雨品茶"时我们发现孩子们的兴趣很高，他们很喜欢拿个茶壶挨个为小朋友倒茶的过程，于是我们将"茶"作为我们近期的生活化课程。认识茶树，了解茶是从哪里来的，了解茶叶的制作过程和种类，了解茶的养生知识，通过情景表演学习茶道礼仪，等等。我们预设了一部分课程，当然在活动的不断推进中还会根据孩子们的需要进行调整，也会生成很多新的课程。我们还创设了茶艺区，在区域中继续渗透茶文化，也是让孩子有更多自由、自主的机会去体验泡茶、品茶的过程。在区域中我们投放了各种关于茶的小知识，可供孩子们学习。接下来，在课程深入开展过程中，现在的班级主题和生活化主题如何同时开展是需要进一步思考与协调的。总之，活动的开展对于孩子们来说是一种成长，对老师来说也是一种成长：从课程的预设到生成，从前期准备到系统的开展，都是教师专业成长的必经之路。

王晶：看完这么多精彩的点评和讨论，真是边看边反思，我们在组织活动的时候还是存在浅显的阶段，并没有真正地让活动活起来，渗透的形式和内容太浅了。三人行，必有我师！满满的都是正能量，撸起袖子加油干！

尹秀霞：其他的表征方式我理解，就是茶叶包装，我们也想后续慢慢搞。我的困惑是针对比如像表征茶叶泡前泡后的变化，有的孩子就是不喜欢画，那我们就可以小组进行自由选择是吗？

刁雪慧：可以集体观察，可以小组观察，亲自体验后，选择自己喜欢的方式表征。

尹秀霞：（@孙鹏玉）说到茶艺区，我们也可以为孩子后续的活动设计增添一个新区域。

林人红：我认为，一个课程能不能深入开展下去，还得老师观察孩子们对这个课程的兴趣和参与度到底有多高，如果能让孩子们与自己的生活经验相连接，并通过一系列的活动让孩子们建构起新的知识经验，那我们就可以继续探究下去！关键是我们要善于捕捉孩子们的好奇心和求知欲，而不是为了老师的课程延续而延续。

张鲁云：（@尹秀霞）我觉得孩子能说出来，就是不喜欢画，可以把他的发现拍下来，帮他先记录下来。

刁雪慧：这是今早的一个与茶有关的综合区，请鹏玉老师说一说这个区的创设意图及后续。

孙鹏玉：这是主任和我们一起讨论的，集书、茶、画于一身的综合区域。这个区域相对开放，孩子在里面可以看书、喝茶，后期还想在旁边的美工区创设水墨画区。现在存在空间小的问题，正在调整，希望大家帮我们提宝贵意见。

张英杰：（@孙鹏玉）品茶与看书融合在一起，惬意而温馨。

姜梦：特别喜欢蔷薇班营造的茶文化氛围，老师和孩子都着汉服，一举一动、一颦一笑都透露着茶文化。是否可以开辟一间小茶室，提供适合孩子品的茶叶，真材实料地投放到区域活动当中，将课程延续。让孩子当孩子的老师，中、大班的哥哥姐姐给小班的弟弟妹妹示范传授经验。

孙鹏玉：（@张英杰）谢谢张主任，孩子们也很喜欢。

尹秀霞：（@孙鹏玉）确实很不错。

孙鹏玉：老师的旗袍一穿，气氛立马上来了。

尹秀霞：蔷薇班的内容也很丰富。鲁云已经着急了。

孙鹏玉：我们一起做茶艺区，还可以切磋一下。

赵芮辰：鹏玉老师和秀霞老师都是心思特别细腻、想得周到的人，突然有点期待"葵花茶舍"。

张英杰：老师美得不行，我觉得孩子喜欢茶文化应该是从喜欢我们的老师开始的。

尹秀霞：（@孙鹏玉）好的。

张鲁云：关于空间有限的问题，可不可以在美术功能室开辟一个空间？吟诗作画，对饮一壶茶。

王志敏：我觉得各位老师在细节处特别下功夫。从服、化、道各个方面给予孩子们全方位、多角度的感受，这正是我想要改进的地方。

林人红：从蔷薇班的美篇中可以看出，氛围调动了孩子们的好奇心，孩子们的脸上都是惊喜，也能看出老师们将课程中孩子们最感兴趣的内容延续到区域中，满足了孩子们继续探究的欲望。

张英杰：我觉得媛媛的建议很好，我们的课程是不是应该包含多种形式，比如增加音乐活动，关于茶的歌曲和舞蹈有很多。

赵芮辰：（@尹秀霞）我看行，我在这研究白茶，突然发现我这白茶好像不是正宗的，你们班里有带白茶的吗？

尹秀霞：有，但不多。

孙鹏玉：我们区域材料填充还差很远，还得不断丰富。

赵芮辰：白茶大多都是饼，你们带来的白茶呈白色吗？

张鲁云：不全是，片装的呈白色。

张英杰：健健，我觉得你也不必纠结于让孩子理解节气的意义，它就像四季一样，是大自然的一种规律，我们在节气中带着孩子感受、体验大自然所赋予的美妙就行，随着他们经验的积累、时间的推移，自然而然就理解了。白茶是白色吗？我也有点盲区了。

尹秀霞：白茶不是白色的。

王健：好的，主任，今天受益匪浅。

张鲁云：白茶有点像艾草的样子。

赵芮辰：我们班的白茶是白茶中的寿眉，是白茶中最成熟的。

林露瑜：我一直以为白茶就是白白的，受教啦！

丛铭：想打造茶社的老师们，你们即将带领孩子们触及新的课程内容，需要提示大家：打造过程是老师布置，还是让孩子参与布置？从茶具的摆放到茶社的名字，或者茶座桌布的设计，都能带给孩子深入了解茶文化的契机！希望大家踊跃尝试！

孙鹏玉：我们也在与孩子不断尝试和摸索，现在只出来一个框架，孩子们已经进入体验了，我们也是在孩子们游戏的时候观察他们的需求，然后进行调整，我们会和孩子们一起慢慢填充，也会有效利用家长资源。我们都会继续努力！

徐艳：太好了！我似乎看到了思维的火花四溅。关于小组学习，分享一些建议：小组学习，并不是一个时髦的新词，但依然具有深度挖掘其价值的现实意义。在传统的小组学习中，有的教师简单地将小组学习等同于将幼儿分成两大组，教师针对两组幼儿分别教学，交换或不交换。或者将小组学习等同于将幼儿分成几个小组，各组采取同一主题、不同内容的教学形式；还有不少教师将小组学习等同于"分桌学习"，存在"幼儿分成几组坐，每组共一份材料，但同时教师又是统一指导、统一教学"的情况。教师仅仅重视小组的形式，而未能从小组学习的本质层面理解。要打破这种传统小组学习模式，真正发挥小组学习的价值，最重要的是要以儿童体验与儿童视角为起点设计小组学习。教师要能够在小组学习中主动自觉地关注幼儿、理解幼儿、移情幼儿，站在幼儿的立场上，设身处地地感幼儿之所感，从而获得对幼儿感知、经验和行动的深层理解。比如，在大班"难忘我的幼儿园"这一活动中，教师在前期观察及与幼儿聊天回顾大班生活的基础上，设计了分组活动。有的组孩子自主摄影，用相机拍下幼儿园中自己喜欢的地方；有的组孩子扮演小老师，带领弟弟妹妹学习自己最擅长的跳绳，或在自己最喜欢的地方游戏；有的组孩子通过绘画，讨论如何制作一本介绍幼儿园的小册子；有的组孩子策划在幼儿园门口制作一个简易信箱，希望自己毕业后，想念老师的时候，可以写一封信放进去。在分组活动中，幼儿的视角有效地投射出来，孩子们不是为了完成老师布置的任务，而是为了让自己的想法变成现实。在实践中，不同组的孩子都获得了情感、态度、能力各方面的发展。比如，摄影组的孩子说："我拍下了很多我喜欢的地方，看着这些照片我就会想起和老师、小伙伴们一起玩儿真快乐，真喜欢我们的幼儿园呀……"当小老师组的孩子说："教弟弟妹妹跳绳，可真难啊，不过，我告诉他们，我刚上大班的时候也不会，也练习了很久，一开始要慢一些，要先会抡绳子，有时间的话，我还会教他们……"孩子们用不同的方式回忆、体会与幼儿园老师、小朋友的深厚感情，学会感恩，学会珍惜感情。因此，只有基于幼儿体验与幼儿视角的小组学习，才能促进幼儿身心和谐发展。

"种植区" 主题教研

王昕:我们班近期开展的关于种植的活动,跟大家分享一下,希望得到大家的指点和交流!(海豹班种植记链接)在孩子们每天离园前去看望种子的过程中,我们是一天一天数的,12天的等待过程,小班孩子如何更好地记录?大家有什么好方法?

孙鹏玉:我们班是上午户外活动后放松时去看的,回去以后当天照顾植物的值日生记录,我们准备了"番茄和大葱的生长记录表"。

王昕:嗯,可以当天记录,我们也准备了记录表,值日生记录,也就是个别幼儿记录。

张鲁云:我看到海豹班的老师、孩子从绘本里找寻种子生长的答案特别好,我们班历时一个月也是在进行种植活动,但多数都是孩子提出问题就直接从网络上寻找答案了,想法太狭隘。

孙鹏玉:我们观察完了后集体讨论今天的发现,由值日生记录。前几天我们发现西红柿苗可能要死,但有一个男孩说:叶子干了,根还是绿色的。我们讨论决定等几天再观察一下能不能起死回生,值日生回去以后就画了两棵西红柿:干掉的和活的。我觉得老师可以记录孩子说的话,还可以用手机拍下孩子观察的照片贴在观察角,我觉得也是一种表征。

王昕:因为我们班值日生目前是孩子们自愿的一个状态,没有固定人,所以一直在思考如何让小班孩子记录,是一张大表,或是小组,还是人手一张?(@张鲁云)感谢张老师的肯定,还有很多不足,从"谷雨话茶事"活动学习到很多,不管是题目还是内容,代入感都特别强,同样是我们学习的榜样。

张鲁云:我个人觉得有的孩子可能并不喜欢表征记录,我们班的种植记录是人手一份的，但是记录的内容确实有差别，喜欢记录的孩子可以给他准备一个记录簿，他每次想记录时翻开找到属于自己的那张进行记录，而不愿意记录的孩子也不必勉强，他可以和别人分享他的发现，毕竟每人都有记录表并不是我们的目标，不是吗？

李文波：对于种植区的观察记录如何进行我们也在思考：是每个幼儿记录自己的发现，还是由专人记录？经过讨论，最终还是根据孩子们的意愿，结合大班幼儿的年龄特点，我们是每人一个记录本，每天观察后孩子们根据自己的意愿进行记录和表征。

王昕：张老师的意思是准备一个记录簿，喜欢记录的孩子翻到自己的那页进行记录？（@李文波）记录表是投放到图书区吗？

李文波：我们是放在自然角。

张鲁云：我们也是挂在植物角，因为我们没有菜地，都种在室内了。

王昕：好的，谢谢老师们，我在想我们班的花架可不可以和图书区结合。

王晶：我们班开始也是放在植物角，但是植物角的位置比较窄，经过观察发现孩子们对这个种植真的特别上心，基本每天都有孩子要求去小菜园看看韭菜长出来没有，而且也有孩子在区域活动的时候用彩泥捏韭菜种子，所以我们又重新调整了一个板块，留给孩子们专门记录，可以画，可以剪，可以捏，可以拼，给他们尽情呈现作品的大空间！

王昕：真好，孩子们可以通过不同的形式表达自己的所看所想。

刁雪慧：海豹班的孩子们种植，从满心欢喜播种到发现小芽芽出土，经历了12天，这对于孩子们来说是一个漫长的等待。老师理解孩子的心情，带着孩子们的疑问安排了很多的活动：了解植物生长的条件，种植表征，搭建菜园，照顾小菜园，为小种子唱歌，给小种子加油……老师没有让孩子们消极等待，而是用各种方式转移了孩子们的注意力，并跟孩子们一起积极做好准备。

王健：海豹班的小朋友真是幸福，由种植活动学到了好多本领，请爷爷来帮忙更可以调动孩子的积极性，其实我们的种植经验真是少之又少，我们班种植了八盆植物，只有四盆发芽了。记录表可以让有兴趣记录的孩子自己设计制作，这样孩子以后的记录会更有兴趣一些，不会觉得是老师安排的任务，而是自发的活动。

张英杰：中海园的小菜园带给了老师、孩子们更多的惊喜、期待与收获！

王雪纯：我有一个小小的想法，可不可以在种种子的时候按照孩子们的想法去种，我看老师前期也让幼儿回家去问家里人了，回来以后老师可不可以把"怎么种生菜"这个问题让孩子说一说，然后分分类，按照孩子的想法去种，可能有的孩子就认为要一粒一粒地种，有的可能有别的想法。孩子可以分组，通过观察后期植物的生长，他们可以得到正确的答案，生菜要一片一片撒着种。

连懿：真的是和孩子们一起学习，一起成长。对于种植我可以说是完全没有经验，周五晚上看到我们班的豆子发芽，小豆子鼓了起来，我还跟张老师感叹道："豆子发芽居然是把豆子鼓起来。"张老师还笑道："你看吧，这就是和孩子们一起学习的过程。"感觉这样的活动真是越来越吸引我了，我也是一个和孩子们一起积累经验的"小朋友"。

王昕：感谢大家的肯定和建议，很幸运来到益文幼儿园，大家的课程观和专业性都很强，我会在学习的路上一直追随着大家。（@王雪纯）可以，前期时间有点仓促，王老师的建议可以用到班级种植上。

尹秀霞：之前植树节时因为天气还不怎么暖和，所以和孩子们在保温箱里种植，男孩一个保温箱，女孩一个保温箱。也想过怎么记录，后来男生、女生各一个本子，记录了一段时间发现好多弊端，值日生记录时也只是那一个孩子记录，很多孩子也想要记录。谷雨时我们在自己的容器里种植了各种从家带来的豆子。周五晚学时还和班级老师研讨我们的种植记录到底怎么样才能不形同摆设，有意义。过程中我们碰撞出了好多想法。不仅仅是画，想到要不用尺子量，但是对于中班孩子刻度只能做到大体，精细的话就有难度了。怎样才能让孩子发现苗苗的变化，又能让孩子真正在过程中有事可干，而不仅仅是画画而已？最后我们决定试一试让孩子们记录高度。孩子们已经用雪糕棍和纸片做了自己的小标牌，可以让孩子借助雪糕棍来记录自己种的苗苗的高度变化，让孩子有一个直观的发现，苗苗在一点点变高，然后每人一份记录表，愿意画画的孩子就画一画。我们也是在实践，可能在过程中还会发现问题，但是我觉得只有试了才知道适不适合孩子。

王昕：真的是，我们和孩子一起成长，周五那天孩子们问："生菜什么时候开花？"我说："生菜会开花吗？"孩子们肯定地说："会啊！"我在跟他们一起学习。

王馨悦：陈鹤琴先生曾说：儿童的世界是儿童自己去探讨、去发现的，大自然、大社会是孩子们最真实的、最丰富的、最具吸引力的学习环境。让幼儿在与大自然、大社会的接触中尽情地看看、听听、想想、摸摸、做做，满足幼儿的好奇心和渴望主动发现、主动探究的心理，获取最真实的感受。让幼儿在多彩的环境中学会观察、学会创造。

王昕：（@尹秀霞）秀霞姐姐你说得对，只有尝试了，才知道哪种最适合。

孙红蕾：由种植活动引发系列活动，绘本故事、种子画、搭建活动、制作班牌等，在这个过程中看到了老师们的用心，孩子的收获，向海豹班老师学习。我在想下次种植可不可以慢慢增加难度，化整为零，班级将一片地划分为几块，孩子们分组根据自己的喜好种上不同类型的种子，探索不同作物的生长。

王昕：（@王馨悦）对，创造很重要，很好的想法，可以尝试。

尹秀霞：（@王昕）我们班也在试，一起和孩子探索。在过程中孩子们确实很有责任心。但是我们要提供给孩子具体、可操作且有意义的支持。

林露瑜：我们在与孩子们探讨的过程中完全忘记了施肥，小苗苗长得很慢，明天就带领孩子们再深入讨论一下，怎样才能让小苗苗更加茁壮地成长。（@王昕）感谢分享，也让我们查漏补缺。

姜梦：去年秋天小荷班的孩子们在滑梯的护栏边发现了凋谢的牵牛花变成了一颗一颗饱满的小种子，跑过来问老师这是什么，当时林老师带领孩子们一起进行了生活化课程——采摘牵牛花种子，并告知孩子等到春天时种下它们，就会开出美丽的花，等待了一个冬天，在今年开学伊始就被孩子们追着问什么时候去种牵牛花。奈何没有找到合适的地方种植，老师将小种子分成一包一包的，让孩子带回家跟爸爸妈妈一起种植观察，每过一段时间，群里的家长们就会自发地分享跟孩子们一起种的小种子的生长情况，我觉得这是家园共育、增强亲子互动的好时机，也是幼儿园生活化课程的延续。

王昕：（@尹秀霞）对，符合孩子年龄特征，提供具体、可操作且有意义的支持。（@林露瑜）这也是孩子爷爷想到的。

于娟：我想如果我们的种植区跟我们的小兔子相结合，会不会更加吸引孩子们。

林露瑜：为什么我第一时间想到的是种植的植物会被小兔子吃掉呢？

李文波：我们昨天去看小兔子的时候，孩子们就已经想到了我们种的樱桃萝卜正好是兔子爱吃的美食。

吕河吟：我们班也进行了种植活动，从清明节过后一直到现在。孩子讨论在哪里种？种什么？怎么种？最后我们种在小庭院，我们班旁边正好有一个空的小庭院，还在泡沫箱里种了一些，在大树根底下，我们也种了几棵苗苗。中海园有现成的小菜园可以直接种植，我们虽然没有小菜园，但是正巧可以让没有阳光的小庭院和种植条件较好的树底下进行对比。同样是每天去浇水、同样的照顾，十几天之后，孩子们发现了小庭院里的种子悄无声息，而种在泡沫箱里的种子因为放在阳光充足的地方，已经开始逐渐发芽。通过对比、讨论，孩子们了解了阳光的重要性，明白了植物的生长环境。我觉得这样一实践反倒比老师给孩子直接讲要好得多。

王昕：（@姜梦）增强家园共育，亲子互动，不仅延伸，在家还更有针对性。

于娟：我们可以平时把菜地里的野草拔给小兔子吃，等到丰收后也可以跟小兔子分享我们的成果。

王昕：（@吕河吟）通过对比、讨论，孩子们了解了阳光的重要性，明白了植物的生长环境。

尹秀霞：我们班保温箱里的土质不太好，特别硬。

张鲁云：我们班硬的土里种子长毛了，孩子们又进行了长毛讨论。

林露瑜：我们种在庭院里的水萝卜长得很好，种在轮胎里的有两个轮胎没有发芽，周四又去补种了花生。（@尹秀霞）你们班种在庭院里的苗苗没怎么长，我怕我们的也会这样。

吕河吟：不知道是保温箱的问题，还是土的问题，我们班发芽的种子很少。本来的想法是从播种到收获，可以享用一顿美餐的，现在感觉能长大都挺美好的，土质应该是最大的问题。

臧绍荣：我们班花盆里种的豆子，有的是营养土，有的是普通土，想对比一下结果会有何不同，就怕全军覆没。

吕姿莹：在生菜种植活动中，海豹班的宝宝们给了老师太多的惊喜，一开始担心小班的小朋友可以吗，后来发现是多虑了，比如搭建菜园，孩子们有很多奇思妙想，有前后门的，不同形状门的，大到可以自己进去的，带大炮保护的，等等。开展活动的同时，我们也和孩子一起成长，感谢老师们分享了这么多宝贵的经验!

徐艳:在这里我必须郑重地自我反省:①因为杏山园没有种花的地,去年买了一些花箱,前些日子和张媛、英杰种上了花种。为什么不分给班级,让老师们带领孩子们来种呢?明年一定改正!②初春发芽的绣球被孩子们无意踩断、牡丹的花蕾被孩子们掐走,心疼之下用彩旗将花圃围了起来。其实每天看到围挡都有些汗颜,一个从事教育的部门,用围挡来保护花木,实在是有点讽刺,一是咱教育不到位,二是不相信孩子。所以明天早晨一上班就拆除围挡,牡丹花开正盛,就让孩子们近距离好好欣赏欣赏,咱看看"花儿好看我不摘"哪个班做得好。

隋新红:前几天孩子们去种植园,看到草莓苗有一个孩子说我的小苗长大长高了,别的孩子也都说我的小苗长大了,我很好奇就问他们,哪个是你的小苗,孩子们说得很清楚。原来当孩子们亲手将草莓苗放进坑里盖好土时他们就认为这是他的小苗,所以每次去他们都很细致地照顾自己的小苗。本来还想让孩子们一人认领一棵,所以我们草莓苗的种植记录是孩子一人一个,测量高度除了用尺子,就像尹老师说的雪糕棍等也非常好,老师鼓励孩子可以自己去尝试多种测量方法。对于孩子来说,一开始用物体去进行测量,比用尺子能更好地帮助孩子对物体高度、粗细、大小有一个大致的概念,那么在后期孩子们从粗浅的测量到掌握准确测量的过程也将会是一个深度学习的过程。

林露瑜:对,老师们也需要检讨,不能一直"等来主义",当看到有花箱就等着分配!至于绣球和牡丹,被好奇心重的孩子们不小心碰倒,也是我们不够细心,没有发现,没有引导孩子们,这是我们的失职!

徐艳:互相自我检讨,咱都能进步!

王婧:感谢海豹班老师的分享,王老师聊得很细致,向王老师学习。我们也查漏补缺,让蔬菜快快长大。在种植过程中真是发现孩子虽然小,但是他们却能感受大自然中一点一滴的变化。我们班也种有各种蔬菜,周五我们班三位老师聊小菜园的时候,感受最深的是孩子在播种和看到蔬菜发芽时的喜悦心情,下雨时他们会担心蔬菜被淹,因为上次大风天气有部分蔬菜叶子干枯了,孩子们问"蔬菜死了还能救活吗"。孩子们的担心让我很惊讶,他们的心思如此细腻,他们担心的问题如此真实。我们也在根据孩子们的问题进行一系列活动,一起寻找答案。园长放置的花箱已经成为我们菜园的一部分了,孩子们去小菜园的时候都会猜想花箱里种的是什么。我们在等着花发芽,花箱给菜园带来了神秘感。前天发现院子里又有花开了,我们正在猜想是什么花,约定明天一起赏花去,这次一定爱护好我们的小花!

王晶:园长的话不禁让我进行了反思,小花真的是孩子们的最爱,我发现好几次户外的时候孩子们总是忍不住捡飘落在地上的花瓣,而作为老师的我们总是本能地提醒孩子们不要捡。既然孩子们这么喜欢,我们为什么不组织一次捡花瓣的活动呢?让孩子用捡来的花瓣进行观察研究和创作呢?这是一个可以进行深度研究的生活化课程,不仅可以满足孩子们,还可以省去老师们打扫花瓣的时间。

杜季蒙:海狮班种植系列活动主要记录了孩子们从制作班牌的活动延伸到班级植物角的初步创设,请各位老师多提宝贵意见(附美篇链接)。

刁雪慧:种植结束了,成长在继续,生成后续活动,将户外的种植经验迁移到室内,进行更深层次的学习。

孙鹏玉:海狮班的种植活动每天都在开展,儿子每天都会说他班的小菜园趣事。海狮班的菜是中海小菜园发芽最晚的,孩子们有些着急,但老师并没有直接告诉孩子们原因,而是引导孩子们找原因,再引导孩子们解决,通过猜测、验证,将孩子们领上了自主学习探究的道路。孩子们亲自照顾小菜园后发现土豆发芽了的雀跃也足以证明他们真正体验了劳动带来的喜悦。

王婧:海狮班的种植不仅局限在小菜园里,老师带着孩子从生活中入手,让孩子自己发现、自己探索,同时也感受到了生活中的各种植物,感谢杜老师的分享。

高冰洁:今天值班时走到走廊,被海狮班的植物角吸引了,丰富的材料、朗朗上口的诗歌。

王馨悦:种植活动让孩子们有了更多的机会去亲近、感受大自然。有种植就会有收获。相信孩子们不仅能体会到收获的来之不易以及丰收的喜悦,还能获得劳动所带来的满满自豪感与成就感。

杜季蒙:和孩子一起猜测、验证,这个过程确实很有意思。对于种植我们都很懵懂,也是现学现卖,需要掌握的知识很多,真的是和孩子一起成长了。通过活动也能发现自己的不足,知识匮乏,要多学多问。

尹秀霞:海狮班的活动,我更多地看到了老师的用心和内容的深入,很受启发，老师将孩子们的收获进行梳理，然后又继续让孩子从家带来各种类别的植物进行分类。在此基础上还没有结束，环境的提供也很自由、自主，为孩子们打造一块可以自己尝试的小天地。泡一泡你发现了什么，我觉得特别好。带领孩子们一起寻找生活中可以泡发的各种东西，以及最后植物大变身的出现，我感觉特别有趣，真正将与植物有关的一系列活动都串联起来了，在生活化课程中开阔了孩子的视野。有自己的小想法，这么多好玩的植物，如果多收集一些，让孩子发挥想象力创作一个自己的植物造型，来一次植物变身展，肯定也很好玩！

杜季蒙：谢谢尹老师，真实的植物更直观，相信会比现在的植物大变身更贴近孩子生活，更适合小班孩子。

张鲁云：海狮班的活动让我对活动的深入有了进一步的了解，一直都钻在针对一种事物的牛角尖里，导致想来想去发现没有更多的想法。杜老师由自己班的种子深入其他班的种子，由泡种子到其他可以泡发的东西，让我受教了，感谢分享！

李文波：海鹰班王昱茜、刘昭君两位年轻老师制作的课程美篇，请各位领导、老师多提宝贵意见（附海鹰班萝卜丰收记链接）。

徐艳：从播种到收获，成长的不仅仅是孩子，更看到了老师的有心、用心。两位年轻老师主动参与到班级工作中来，非常好！

李文波：谢谢园长的鼓励，种植园里种下的不仅仅是萝卜的种子，更是科学探究的种子；老师和孩子们收获的也不仅仅是萝卜，还有满满的责任心、快乐的探究与亲身体验。很多孩子都是第一次吃到自己亲手种的萝卜，真的是辣并快乐着。两位年轻老师一直参与组织活动，也有很多体验与感受。今后我们会继续努力，让孩子们在幼儿园的生活化课程中收获更多，也让家长对我们的教育理念和活动更加理解与认同。

刘昭君：感谢园长妈妈的鼓励，像我们这个年纪的老师可能本身就比较缺乏生活经验，这次和孩子们一起种萝卜，我也在不断地感受惊喜。在细微处成长，在体验中成长。

臧绍荣：孩子们在真实的体验中获得的经验会更加深刻，喜欢！

林露瑜：上周五我们收获了第一颗也是唯一一颗草莓，让全班小朋友都能尝到自己的劳动成果成了难题。我们讨论、行动，最终孩子们都美美地品尝到了草莓汁。下面的这篇美篇（附美篇链接），文案是我分享在班级群里的。我们的教育理念，我们的付出，我们对孩子的爱需要让家长知道，这样家长工作才会高效！于是有了班级群里的这篇长文。美篇是我们年轻的小钧老师制作的。请各位多提宝贵意见。

徐艳：《一颗草莓的故事》读后笑中带泪，酸酸甜甜。作为园长，为没有个像样的菜园给孩子们种一大堆草莓而心酸，又为有这么有爱的老师而甜蜜和自豪。衡量一所幼儿园的好坏，硬件设施永远都不会放在第一位。"润之以爱，育之以慧"，这颗草莓一定会在孩子的心中留下美好的印记！

王健：一颗草莓却让孩子们懂得了分享，意外惊喜更是让孩子们感到开心，燕子班的小朋友真幸福。

林露瑜：园长妈妈经常教导我们"办法总比困难多"，虽然我们确实曾经羡慕中海园大片的小菜园，但我们的袖珍菜园也会让孩子们有别样的收获。一颗草莓让孩子们开动脑筋想办法来分享。"用小本本记下来谁吃了，明天还给我们"，充满了童趣；"找像锤子一样的东西捶，找不到干净的，脏的洗洗也行"，孩子的智慧不容小觑。他们为自己制作了美味的草莓汁，我们收获的更多。

臧绍荣：幼儿园里每天发生的大都是细碎光阴里和孩子们在一起的一些平凡小事。经常碰到林老师带着孩子去围观他们的"草莓园"，只有有不老的童心，才能守护童真。老师蹲下来，进入孩子们的世界，和孩子们一起感受一颗草莓的成长，分享一颗草莓的甘甜，相信那一刻，老师也是一个快乐的孩子。

王晶：我们就是在这样一所凝心聚力、对孩子充满真情真意真心的幼儿园里生活着、成长着，这一切也将会是我们成长道路上的一笔宝贵财富！

杜季蒙：上周五我们海狮班挖土豆啦，赵萌萌老师用美篇的形式呈现了这段时间的种植活动，为年轻老师主动做事的态度点赞。

我们班的种植活动从发现小菜园—选种子—种种子—照料—观察，延伸到班级植物角的创设，再从发芽—照料—观察，延伸到数学活动的开展，而就在上周，土豆成熟了，周五我们一起挖土豆，孩子们感受着丰收的喜悦。这是我们人生中的第一次种植，整个过程蕴藏着每个孩子的付出和期待。不过种植初有些小插曲，比如千姿百态的野草出现，被虫子亲吻的叶子腐烂，破土而出的土豆变绿，没办法只能早早就把土豆挖了出来，这些小插曲都是我们宝贵的经验，只有亲身经历才会刻骨铭心，我们小菜园的故事未完待续……希望各位老师多提宝贵意见，谢谢！［附海狮班种植活动（三链接）］

孙鹏玉：海狮班的种植活动让我印象最深的就是杜老师绞尽脑汁地到处询问"这个怎么种""我们的土豆还不发芽是怎么回事""这是草还是菜"，懵懵懂懂的竟然有点可爱。就这样，海狮班的老师和小朋友一边探索，一边种植，终于土豆丰收了。我相信他们收获的并不只是土豆，更是他们一起探索的乐趣，为海狮班师生坚持不懈的努力点赞。

刁雪慧：种植给孩子们带来乐趣的同时，老师们也收获了成长。越来越多的年轻老师有了延伸课程的意识，也有了研究课程的劲头。

赵萌萌：一分耕耘一分收获，一粒种子一个希望。在这次活动中，和孩子们一起劳动、交流、探讨，真正走进了孩子们的世界，看着他们收获土豆时那一张张笑脸，我真是由衷地感到欣喜。对于一个种植新手来说，我也常有疑问。比如，为什么上面的土豆是绿色的，下面的就是黄色的呢？带着疑问去学习、去了解，在一起分享的心情是难以言表的，这不光是孩子的成长路，也是我的成长路。

王昕：忙活了一天，细细品读海狮班的课程，一起猜测、观察、比较展开一系列活动，连地里的杂草老师也和孩子们一同探究。最后一起挖土豆，老师还能想到最多的是哪组？最少的是哪组？最大的在哪组？最小的在哪组？这种时时处处皆教育的观念，非常值得我学习，又使我受到很多启发。

王晶：有爱的老师才会带领孩子们开展这么有爱的活动，"润之以爱，育之以慧"，向每一位有心的老师学习。

徐艳：昨天的烦恼被今晚大家精彩的演出冲走了，又被海狮班小菜园的故事幸福地撞了一下腰。谢谢你们——我可爱的老师！正是有了你们，才总是会看到希望、看到诗和远方，总会一直向前……

杜季蒙：海狮班的土豆之旅在放假前的最后一周画上了圆满的句号。从种植到收获再到制作美味薯条，孩子们全程参与，亲自操作，收获了对土豆的全面认知，体验了丰收及分享的快乐。小小的快乐也和大家分享一下，祝大家假期愉快（附《小小薯条，大大收获》链接）。

李文波：毕业前吃到了海狮班小朋友亲手制作的薯条，孩子们特别开心，谢谢海狮班美味的毕业礼物。

刁雪慧:薯条估计是小朋友、大朋友都爱吃的小食品。经过这次土豆之旅,孩子们对土豆有了更深层次的了解,对种植产生了更浓厚的兴趣,对小菜园也有了更多的期待。我们的小菜园相信会越来越热闹,越来越丰富。

张英杰:真是小小的菜园,大大的收获!孩子们亲手制作的薯条光看看就流口水了,相信这一定是他们吃过的最香的薯条!不过在带领孩子们用空气炸锅制作薯条过程中,可以让他们了解为什么要提前预热3分钟?作用是什么?可以借助钟表、计时器感受10分钟、20分钟到底有多长,让他们尝试自己计时!

孙鹏玉:海狮宝贝自己播种土豆、照顾土豆、收获土豆,土豆成长的每一天都有孩子参与,相信孩子们收获的不仅仅是土豆,更是劳动后获得丰收的喜悦和对劳动成果来之不易的感受。小薯条,大收获,海狮班的薯条意义非凡。

杜季蒙:这次的活动和美篇由周茜倩老师带着孩子们制作,可以看出不但孩子们开心,老师也沉浸在愉悦的氛围中。自种植活动开展以来,每次都做一个小美篇做总结,现在回过头来看看真是一份美好的回忆,也为年轻老师们的工作热情点赞!

周茜倩:带领孩子们参与到整个活动中去,不仅孩子兴趣浓厚,老师也是沉浸其中,我们和孩子们共同学习到了很多,真是小小种植,大大收获,意义非凡!

徐艳:大家近期分享的"关于种植的那些事儿"让我想起虞永平教授在《用"全收获理念"开展幼儿园种植活动》中所说的:"全收获"的"全"是指多层次、多方面、多主体,说明种植不只是让幼儿有收获,不只是获得食物。"全收获"理念指导下的种植活动意味着种植能给幼儿带来多样化的活动、多方面的经验,还能促进教师、家长等成人的专业发展。

"蚕宝宝"主题教研

徐艳：（分享海鸥班蚕产卵照片）期待海鸥班把蚕卵孵化成新蚕，让生命延续下去。

孙鹏玉：我们班也在学习怎么孵化蚕卵，再过一段时间蚕宝宝会出生，到时候我们和大家一起分享。从谷雨到现在，我们一直和孩子们一起探索蚕宝宝的生长过程，现在孩子们又发现蚕卵产出来的时间越长颜色会越深，孩子们回家后和爸爸妈妈一起查阅资料得出结论：这是蚕宝宝在卵壳里慢慢发育，蚕蚁是黑色，所以透过卵壳后颜色会越来越深。在整个养蚕过程中，孩子们在探索，老师也在学习，而且老师要学在孩子前面，才能把握正确的引领方向，带孩子学习的过程也是我们成长的过程。一点体会与大家共勉。

王晶：海鸥班老师们的用心真的值得我们学习，不仅让孩子们在活动中学到了知识，更懂得了如何去爱每一个小生命，老师们真的用心了！

臧绍荣：感谢我们班的优秀家长皮皮妈——婧婧老师周一给班级每个小朋友送来了端午节亲手制作的彩绳和小扫帚，孩子们太喜欢了，同时还塞给我们一盒蚕宝宝。三个怕"虫子"的老师，为了孩子们的喜欢，勇敢地接下了养蚕的艰巨任务，从此，养蚕大军中又多了一批新手。我们的蚕已经开始结茧，什么时候化蝶，期待中，假期蚕宝宝已被孩子接回家照顾，养蚕的经验可以向海鸥班取经。

孙鹏玉：（@臧绍荣）哈哈，咱们一起探讨，我们的蚕宝宝结茧以后孩子们用多种方法记录时间，有的在日历上做标记，有的用橡皮泥做小球，还有捏蚕蛾的，最后孩子们数出从结茧到破茧而出共经历了15天。

臧绍荣：我们这个周处在散养状态，婧婧每天给蚕宝宝送口粮，我们的蚕宝宝住在平房里，还没有盖"高楼大厦"。

孙鹏玉：我们是一起看视频学习时发现专业养蚕都有"高楼大厦"，我们做了个，就是简陋点。

王婧：和大家分享一下我们班蚕宝宝吐丝瞬间的视频。

孙鹏玉：这个视频太棒了。清楚地看到蚕吐丝的细节，可以和孩子们一起分享。

赵芮辰：这个视频太棒了！我们想记录破茧的瞬间，可惜都是在半夜。

徐艳：（@王婧）谢谢王婧！看这个短短的视频有点想流泪的感觉，每一个生命都值得被尊重！

王婧：大林老师带来了好多蚕，一下来了这么多蚕，我们也不知道怎么养，在网上搜到蚕宝宝的住宅是大问题，和孩子们讨论，然后孩子们自己动手做，于是就出现了各种各样的"房子"。感谢园长关于蚕宝宝住宅方面给我们的提示，这几天发现蚕宝宝不太适合住在贝壳房子里，而且因为没有单间，今天发现一个蚕宝宝在桑叶里结茧，赶紧把所有蚕宝宝都搬进单间里，希望现在的房间能适合它们。

赵芮辰：那天有幸拍到了蛾的交配过程。

林人红：蚕宝宝的成长、结茧、产卵，让我们体验了生活化课程的乐趣，我们慢慢地陪伴孩子们一起学习，抓住其中的教育机会，和孩子们一起成长！在陪伴中我们和孩子们一起发现、一起期待，更加敬畏生命了！

赵芮辰：生命值得敬畏。

王婧：（@徐艳园长）我昨天看到有一只蚕宝宝爬到孩子做的筷子上，看着蚕宝宝想办法往下爬，感觉它们真的好聪明。今天孩子们看到蚕宝宝开始结茧了都很兴奋，互相说着这个好消息，中午录到这个小视频，感觉真的有一种说不出的感动，这是我最感动的一次养蚕经历，真的是每一个生命都值得我们尊重！

徐艳：（@所有人）咱们一定要把养蚕的这些大事小情反馈给家长，包括咱们群里的讨论都可以截图给家长看，让家长了解、感受、参与、支持，不要关起门来做课程。

林露瑜：我们的蚕宝宝入住已经一周了，孩子们亲眼见到蚕吐丝、结茧，第一只躲在海螺壳里正在吐丝的蚕被兴奋的孩子们干扰离开了，结果两天后死了，孩子们很伤心。此后，再发现有吐丝的蚕宝宝，孩子们一动也不敢动，非常敬畏！今天，好多孩子认领了几只蚕宝宝回家照顾，家长都非常支持，在群里就讨论起蚕宝宝的饲养方法，去哪里摘桑叶，看到孙老师班孵化卵，我们又学了一招，把我们的蚕宝宝一代一代养下去。

孙鹏玉：咱们可爱的刁主任在养蚕方面很有经验，为我们班小朋友传授了不少经验。

孙鹏玉：桑叶最好洗洗，上面有农药的话，蚕宝宝就完蛋了，洗完后桑叶要晾干才行，不然蚕宝宝吃了会拉肚子。

林露瑜：具体是怎么孵化的（@孙鹏玉）？

孙鹏玉：待我娓娓道来（@林露瑜）。

高冰洁：今天送一个桃花班的小朋友离园，她向我介绍蚕宝宝，我说老师帮你拿吧，她说"不用，不用，我自己拿"。孩子小心翼翼地拿着蚕宝宝，还告诉我："老师我回去要做记录，这个是记录表。"看到妈妈的第一件事也是拿蚕宝宝给妈妈看。

刁雪慧：现在的孩子对这些知识太缺乏了，不像我们小时候。记得小时候自己养过两季的蚕，从蚕卵到蚕茧到蚕卵再到蚕茧。

孙鹏玉：首先把蚕卵放在白纸上，放在室温25～30℃的地方，保持通风干燥；到第八天时要把蚕卵用黑布盖上，专业叫"催青"；到第十天时会发现蚕卵上出现小黑点，然后就等待蚕蚁爬出来。蚕蚁需要吃嫩桑叶，桑叶要切碎。只要把蚕蚁喂好，基本就成功一半了。

赵芮辰：对于也是第一次接触蚕和孩子们一起养蚕的我，每当看到它们的变化，我都特别兴奋！而且和孙老师学到了好多！看到孩子们的记录，虽然在大人眼中这只是一个养蚕的小事，但是在饲养员的眼中，像自己的宝宝一样重要。

孙鹏玉：这是我们这几天和孩子一起在网上学的，还没有实践，我们继续跟进，到时候跟大家再分享（附查阅内容）。

林露瑜：长知识，这段要保存。

孙鹏玉：多查查，说的都不一样，我就是总结了一下，因为南方和北方的气候条件不一样，时间上不绝对，破茧而出的时间网上说10天就可以，我们的蚕用了15天，可能咱们北方温度低些。

臧绍荣：婧婧，你可是给我们送来了一个科研项目，养蚕队，大家多多支援，我们也好好学习。

孙鹏玉：桑叶得跟上，后期吃得好猛（分享链接：蚕卵怎么保存？怎么催青？）。

姜梦：看了孙老师的分享，觉得很惭愧，要好好反思一下，我们班的蚕卵被当成蚕粑粑了，要跟孩子们好好道歉。

王婧：（@臧绍荣）我们一起摸索，满满的感动与惊喜。

姜梦：就像园长说的，要想给孩子一杯水，老师不仅要有一桶水，还要有长流水，长流水就要不断地持续学习。

王志敏：我们以前也养过从卵孵化出来的蚕，可惜最后没有保存好。现在可不可以跟老师们申请一下要点。

孙鹏玉：（@王志敏）送给你蚕卵，我们一起孵。

王志敏：好呀好呀，就是这个意思（@孙鹏玉）。

王晶：（@孙鹏玉）举手。

孙鹏玉：节后哈，我们班还等着成规模了预定蚕丝被呢，哈哈哈。

徐艳：（@姜梦）小姜，你们班的就是粑粑，蚕还没吐丝结茧，没破茧成蛾，哪来的蚕卵呢？蚕卵是蚕蛾产的。

于娟：小时候我们家就是养蚕的，我们村里有大片桑树，那时候没啥感觉，现在养蚕的越来越少，在幼儿园里看养蚕，勾起了许多回忆。我家里还有一个蚕砂枕头，端午回家拿回来给小朋友们看看。还有，老师们需不需要我这次回家摘点桑叶回来？

赵芮辰：这些黑黑的点点就是蚕屎。

于娟：蚕砂（屎）有药用价值。

姜梦：是啊，园长，刚才王婧老师也跟我说了是蚕粑粑，也是蚕砂，是一味中药，刚刚百度了一下，要跟孩子们说。

王婧：（@于娟）能不能拍张蚕砂枕头的照片给俺们也看看，枕着啥感觉？

于娟：等中海小朋友看完了拿去看就行，小朋友可以用手感受一下，凉凉的、硬硬的（@王婧）。

王婧：（@于娟）太感谢了，还真是没见过。

于娟：巧了，咱有。

王婧：牛！

林露瑜：我们的蚕砂都收着，回头也做个枕头大家轮流枕。

王健：真是长知识了，今天我们班小朋友说怎么蚕有这么多便便，我就给清理走了。原谅我这个干净人，下次收起来。

于娟：蚕砂在三到四龄的时候才是最好的（@林露瑜）。

林露瑜：（@于娟）科普一下什么叫三到四龄。

张英杰：今晚长知识了。

于娟：①一龄（四至五天）：全身都是黑色的，长四五毫米。②二龄（再过三至四天）：蚕上半身为灰白色。③三龄（再过四天）：全身变为白色。④四龄（再过六天）：身体灰白色，体形变大变胖。

三龄之前切叶子喂食，一、二龄要更细小一些，三龄以后喂大叶，四龄吃老食（大老叶，这时候饭量很大），四龄吃完了就准备结茧了。

王婧：长知识了。

于娟：三到四龄的时候蚕砂就可以收起来，攒着做枕头了。

王婧：这得好多蚕砂。

于娟：哈哈，好像是。

王婧：攒的过程中怎么储藏？

于娟：他们好像不需要攒，人家养蚕的都是大规模的。

王婧：放塑料瓶里行不行？

于娟：这个蚕砂枕头制作好像是要把蚕砂晒干，我们就攒一点晒一点。

林露瑜：估计我们班孩子毕业之前应该能用上。

王晰：看着的讨论，自己都长知识了。

王婧：不能放瓶里，可以放在一个通风的容器里。

于娟：我刚刚看了看，好像过程有点复杂，不是晒晒那么简单。

王婧：可以慢慢研究，养完咱们说不准能成为半个专家。

杜季蒙：今天的教研真的是收获颇多，又跟老师们学到了很多知识。中午散步的时候我们班经常会去海鸥班看蚕宝宝，每次孩子们都有新的发现和收获。有的孩子有点害怕，害怕伴随着好奇；有的孩子非常有兴趣，会提很多的问题等待着去解决。孩子们的兴趣非常高，鹏玉老师，不如下周邀请海鸥班的养蚕小高手们来给弟弟妹妹们开个分享会，我们看看会碰撞出怎样的火花，用不同形式满足一下孩子们的好奇心，也用不同形式让孩子们进行表征。

刁雪慧：儿童的一百种语言。

孙鹏玉：（@杜季蒙）我们讨论一下方案。我觉得要先和孩子们讨论一下我们要讨论的内容，孩子可以用各种表征把自己的分享内容记录下来，老师也可以协助他们做个PPT，咱们在海狮班来一次"精神大聚餐"。原来制作蚕砂也有技巧，我收集了一些蚕砂，但长毛了，看来方法不对。

于娟：（@孙鹏玉）等着我们再研究研究。

林露瑜：（分享视频）姐妹们，我们的蚕宝宝今天出生啦！小小的好可爱，太激动了，跟大家分享这份喜悦！

孙鹏玉：（@林露瑜）我们6月18日就产卵了，到现在还没动静，感觉希望不大。

徐艳：今年的养蚕活动开展得如火如荼，大家积累经验，明年咱们继续。

"秋分活动"主题教研

赵芮辰：趁着晚上闲暇之余邀请大家看看海葵班小朋友的秋分活动。本次活动在家长们的全力配合下顺利进行，孩子们在其中收获满满。本次美篇《秋岚袅袅枕闲云，屋瓦檐头遮梦还》由周鑫老师协助姜欣阳老师制作，李成荣老师拍摄，请大家多提宝贵意见。落叶知秋，微风徐来，愿所有美好与我们不期而遇。

徐艳：年轻的芮辰带领年轻的海葵班，有热情、有爱心，好学、肯干。相信芮辰和她的团队一定会越来越好。

张英杰：美篇的这个名字就富有诗意且浪漫。

周鑫：感谢园长妈妈的肯定和认可，我们都还在不断学习、不断提升的道路上，还请园长妈妈、主任和各位老师多提宝贵意见。看着孩子们在用心地做他们手里的事情，从他们一张张乐开花的笑脸中就能看得出他们有多开心！相信孩子们在这个活动中有了更多的体验和收获。我这个老师也跟着他们一起好好享受生活，收获很多！

高冰洁：海葵班的秋分节气活动，有游戏的喜悦、劳动的喜悦、收获的喜悦、分享的喜悦，孩子们真的乐在其中、学在其中！

隋欢欢：大自然中的一草一木，生活中的每一次经历，游戏中的每一次体验，都可以成为孩子们积累的内容、引申为谈话的话题，老师和孩子们一起过生活、享生活，收获颇多。

王健：孩子们真幸福，乐在其中、学在其中。

姜欣阳：在秋分这个特别的节气里，我们一起分享收获的喜悦，一起分享秋日的清凉，有幸能够与海葵班的小朋友们一起进行一系列秋分主题活动，也让我再次体验到了孩子们的童心世界，那么美好、纯真。谢谢园长妈妈和主任阿姨对我们的关心与信任,成长之路,也希望能够得到各位老师的指点和帮助,相信海葵班会越来越好!

赵芮辰:谢谢园长妈妈,作为年轻老师特别感谢主任和优秀的老师们对我一直以来的帮助与指点,现在突然觉得这次活动还可以开展得更丰富、更深入,以后会带领我的小海葵们一起不断学习,共同进步,继续加油!

刁雪慧:年轻老师们也带着小班的孩子做起了课程,相信你们一定收获满满,继续努力。

林人红:海葵班的老师们带领孩子们一起体验跟着节气过生活的快乐,并把它们收集在这诗意般的"秋分节气的美篇"里,这满满的体验,感觉真好。

李文波:充满诗意的名字,引人点开美篇一看究竟;富有童趣、贴近生活的活动,让孩子们乐在其中,收获满满。宝藏女孩芮辰带着一群大可爱和小可爱,将生活过得如诗如画。

张媛:看着孩子们活动时充满惊奇的眼睛,发自内心的笑容,还有专注的神情,非常感动,能够在以"润之以爱,育之以慧"为教育理念的益文幼儿园上学,能够遇到以"为孩子一生奠基"为己任的园长妈妈和"善思,笃行,守正,创新"的好老师,是多么的幸运。而且我们看到了这些美好在一批又一批益文人身上不断地传承与创造,不禁对益文幼儿园的未来更加自信与憧憬。让我们一起加油!

陆成慧:海葵班的秋分主题活动从充满诗情画意的标题开始先为孩子们介绍了秋分,使孩子们了解了我国的节气文化,丰富了孩子的知识经验。竖蛋游戏既锻炼了孩子的手部灵活性,又培养了孩子的耐心,集中注意力、不急躁,蛋才有机会竖起来。孩子笑得是如此灿烂,说明此刻的他们是在享受游戏,享受生活。小厨房里,在老师的帮助下,孩子们动手制作了好吃的菜肴,并且品尝了自己的劳动成果,我想,这是生活化课程最好的表现方式之一。作为一名新老师,看到这些让我笃定选择益文幼儿园是我职业生涯最正确的选择,希望今后我能从各位老师身上汲取更多的养分,使我尽快成为一名可以独当一面的优秀教师。

林露瑜:小小的豆丁,现在也渐入佳境,这里有老师们无尽的辛苦,无尽的付出,更有无尽的爱!还有这充满诗意的名字,充满韵味的美篇,给人一种视觉的享受!

臧绍荣：在最可爱的年纪遇见可爱的老师，从秋天开始一个美丽童话，包容百味，美不胜收，孩子的成长离不开老师的用心与付出。

罗志纯：这是我们春风班根据秋分节气的树叶延伸的一个小课程，美篇由王莹老师编辑，照片由乔月和曹冰老师提供。活动中，莹莹老师语言贴近小班孩子，孩子小眼睛亮亮的，回答很积极，语言表达和观察能力得到很大的锻炼。活动很短，请大家多提宝贵意见，我们会不断努力设计适合我们春风班孩子的活动课程，谢谢大家。

张英杰：开学将近一个月，亲眼见证了春风班宝宝们的进步，你们还可以尝试一下去年燕子班做的树叶拓印画，跟大林老师请教一下。

罗志纯：好的，明天就去请教。我们一开始考虑树叶拓印画，但又尝试了油画棒画树叶的脉络和外形，我们和孩子们一起做的树叶画还设计了不同的造型贴在墙面上，孩子们喜欢去看树叶造型，还会和小伙伴介绍自己做的树叶画，很骄傲的样子呢！

曹冰：看着孩子们从刚入园时的不适应到现在可以一起感受秋分带来的变化，从观察不同的叶子到慢慢画出不同的叶子，看到这些我感觉非常幸福，孩子们在不断进步，孩子们和秋天的故事也在继续。

王健：落叶是大自然馈赠给我们的最好的礼物。让孩子体验收集树叶的快乐，感知树叶的不同，通过实际操作来做树叶标签。接下来可以做什么呢？树叶拓印、用树叶做小鱼、把树叶搓成粉做大树、在树叶上画画等。我有个问题：最后那个叶脉是怎么画的？是把树叶放在纸下面垫着画吗？

罗志纯：纸比较薄，我们打算用收集的不同树叶做一棵奇怪的大树，大树的名字让孩子去想。健健，我们还有深绿色的叶子搓不成粉，有的是从树上摘的，可以撕成片，但要保护小树。

王健：可以让孩子挑一挑干叶子。

罗志纯：树叶鱼也挺好。

神克菊：可以尝试下植物拓印，我们班之前做过。孩子们很喜欢用小石头敲植物，只需要一把锤或一块石头，再来一些随手可摘的植物，准备一块布，敲敲打打就可以保留花草的颜容，并且长久伴留在我们身边。

孙鹏玉：记得把树叶在碱水里泡一下再砸，上次我们班蚕丝皂的包装袋子直接用树叶没成功，第二次查了各种视频后用碱水泡了会好很多。这种方法叫砸染。

张鲁云：我们班的孩子有四种表征，第一次使用塑封机的孩子们充满了好奇：为啥会自动往里进？为什么出来是烫的？孩子们好奇！

罗志纯：（@孙鹏玉）学到新技术了。

王健：小班的孩子会不会砸到手？

罗志纯：原来不是只有孩子们是好奇宝宝，我们成人也学到了很多知识。莹那天和我说让孩子砸树叶，我说别了，胆小没敢让他们砸。是不是应该大胆一些，孩子还是有基本的分辨危险的能力的，看到鹏玉老师的活动，有些后悔没砸。

孙鹏玉：用胶带固定一下再砸，不然树叶老跑，出不来树叶造型；还要选水分充足的树叶，不然不能给布上色，给树叶泡水也是这个目的。

王健：不能一起砸，分组砸！

孙鹏玉：小班往上粘叶子也得老师帮忙，我们班是两个小朋友合作，一个剪胶带，另一个固定树叶不移位。

罗志纯：这样分配活动，孩子们都有事干，有收获，我们也借鉴借鉴，试着组织一下。今天在教研群里又是收获满满！

徐艳：2017年10月18日，习近平总书记在中国共产党第十九次全国代表大会上的报告中指出：深入挖掘中华传统文化蕴含的思想观念、人文精神、道德规范，结合时代要求继承创新，让中华文化展现出永久魅力和时代风采。咱们幼儿园提出的"跟着节气过生活"，就是要挖掘传统文化价值，加强师幼人文积淀。二十四节气包含文学、艺术、历法、农业、饮食、健康、习俗等丰富的文化内容，是我国古代一项伟大的创造发明，但如今很多人都不了解，咱们大部分教师尤其年轻教师也是知之甚少。这次的秋分节气活动，大家先通过从网上收集资料、向家中老人咨询等方式做了一些经验上的准备，还开展了很多活动。但是，我们的生活化课程不能仅仅停留在生活层面上，还应该有更多深度的学习、经验的丰富、能力的发展。大家还记得咱们的惊蛰节气是怎样过的吗？原来老师们预设了制作面食"棋子块"的活动，研讨后认为"吃"不应该是"惊蛰"节气的主题，要从"惊"和"蛰"两个字上做文章。"蛰"的意思是指动物冬眠、藏起来不吃不动；"惊蛰"的意思是天气回暖，春雷始鸣，惊醒蛰伏于地下的冬眠动物。老师们找到了切入点：与动物有关的事情是孩子们最感兴趣的。于是，"惊蛰"节气主题应运而生：寻找春天。孩子们手拿放大镜来到幼儿园的院子里找春天，有的在树根下发现了忙碌的小蚂蚁，有的在草丛中发现了蹦蹦跳跳的小蚂蚱，有的发现枯黄的草地上小草变绿了，有的发现冬天里"死去"的芍药从土里钻出了红尖尖……孩子们兴奋得手舞足蹈，小脸通红，小眼发亮，小嘴说不停。老师们也被感染了，感叹：若不是跟着孩子们来找春天，哪里知道这么早就有了蚂蚱！回到教室后，孩子们意犹未尽，把自己看到的春天画下来、剪下来、贴出来，一一展示到主题墙上。所以，咱们还要好好总结反思一下，"秋分"节气我们还可以怎样过，怎样过才更有意义。